| 38 | 39 | 40 | 41 | 42 | 43 | 44 | 44 | 46 |

Cymbri

harudes

49

48

Chudini Scandiar pleriq

dauthones burg

Sandie insule

47

GERMANICVS

46

decinus non⁹ paralellus

differt ab equinothali horis ·6·
habens Marinu diem hora·z· 18·

decim⁹ octau⁹ paralell⁹

differt ab equi· horis· 4·½·
habes dié Marinu ho· 17·½·

decimus septim⁹ parm·

differt horis· 4· hns dié Max·
ho· 17·

decim⁹ 6⁹ paralello

differt horis· 4·½· hns
dié Max· ho 16·½·

decim⁹ 4⁹ paral·

differt horis· 4·
hns dié Max· ho· 16·

CIMA SEPTI·

44

44

43

42

41

40

49

48

47

Lanburgu

Sidini

Pharodini

Abitui

Cashai
Athua

gusudata
neg

Colanecorgis

Corronn

gobardi

Batini

Straegona

Calega

Antidii Lugidunum

Butrigu
viruium

bugunte
viruium

latii

Lugi

Busirgis

mons

Lutsbari

Buderigis

Bottine

Aragura

Rutdu

Snurgum

Eluones

Almasis
Acrinu

Omatii

Scdunu

didunu

Eluone
Leucanistut

Sidones

Calisia

Asenunu

SARMATIAE

EVROPAE

PARS

Bonochemu

Dauduti

Lupfurdum

Normiserii

Redinnueni

Caserigis

Buderigis

hegitmatia

Turuni

Vilburgu

Marinnigu

Semu

Curiones

Eburu

Smeunu
Cuadi
Meliodunui

Condorgis

Phabeia

Coranum

Cogni

Abanu

perienu

Orgenii ne
mus

Arhinu

Carpatus mons

Marunnnu

Gabreia silua

micena
pteri

Saduri

Quicarduen

Singeona

Charaori

Mediolanu

lunc

Echuatua

solua

Andra huni
tranpu
Amanum

parme

Benni ma
gna gens

dantbi A°

anabon A°

latigun inean
neslaz pars

Pannonie superio
ris pars

pannonie inferioris
pars

| 38 | 39 | 40 | 41 | 42 | 43 | 44 | 44 | 46 |

Ines-Helga Hauptmann
HOFFNUNG
Glauchau – Eine literarische Chronik

Illustrationen Annette Fritzsch

Ines-Helga Hauptmann

HOFFNUNG

Glauchau – Eine literarische Chronik

Herausgegeben
im Namen der Stadtverwaltung
von Glauchau

INHALTSVERZEICHNIS

BUCH I

BUCH II

BUCH III

In meiner Stadt
gibt es eine kleine Straße...

I

HOFFNUNG

**Es wird gesagt, daß einmal zwischen den Hütten
ein Feuer war. Und der Sturm wütete.
Aber das Feuer brannte kerzengerade in die Höhe.**

**Auch später, bei anderen Bränden, blieb die
Hoffnung allemal unverletzt.**

Anmerkung: Am 11. April 1734 hatte es in der Hoffnung gebrannt.
Dann kamen die Zigeuner in die Stadt. Sie wohnten eine kleine Zeit in
der Hoffnung. Ehe sie fortzogen, bedankten sie sich mit einem Zauber-
spruch, der die Macht des Feuers bannen sollte.

DIE QUELLE

Wer durch Dunkelheit geht, Tage oder Wochen, oder eine andere lange Zeit, der hofft, daß der Wald sich lichte.

Und wer durstet, der hofft eine Quelle zu finden – wo Licht und Wasser sind, baut der Mensch sein Haus.

Alt sind die Häuser der Hoffnung; alt wie der Platz inmitten der Stadt. Nach dem Wörterbuch der Brüder Grimm bedeutet hof oder hoff – »freier platz in einer stadt, darauf man spaziert«.

Ein Raum unter freiem Himmel, wo Menschen singen, tanzen, oder »da man den kolben gibt« (Ball spielt).

Das Wort Hoffnung mag daher kommen, daß Menschen frohen Mutes werden, wenn sie einander freundlich begegnen.

Als ich zwei Jahre alt war, zogen wir in die Hoffnung. Zu der Zeit spielten auf dem Platz nur noch die Kinder. Jetzt parken dort Autos.

Die Sage von der Hoffnung erzählte mir eine alte Frau (Emma Heymer). Sie saß oft am Fenster, und wir sprachen miteinander, und unsere Worte flogen hin und her über die kleine Straße.

Ihr Haus[1] wurde 1976 abgerissen. Blumen wachsen an der Stelle. Aber in meiner Erinnerung sieht die alte Frau noch immer freundlich zu mir herüber.

[1] Das Haus Nr. 93, das Eckhaus, verband die Straße Hoffnung mit dem Platz.

PROLOG

Wenn du hinausgehst zum Fluß, findest du blaue Steinchen. Du greifst ins Wasser, es spiegelt den Himmel und die Zweige der Weiden. Der Fluß windet sich, so und so, Mäander in den Wiesen.

Du kamst über die Brücke; oben am Berg steht dein Haus. Den Schlüssel trägst du in der Tasche. Du gehst am Fluß entlang und siehst die Fische im Wasser.

Wer früher hier fischte, fing viele und manche wogen schwer. Zehn bis zwanzig Pfund. Aale, Lachse und Hechte ...[1]

Dein Fuß spielt mit einem Stein, stößt ihn fort. Und der Fluß singt sein Lied, und die Amsel im Busch, und dir scheint, du hörtest sie so als Kind.

Du bückst dich nach den Kieseln im seichten Wasser, nimmst ein paar weiße und gelbe und wirfst sie einzeln zurück. Tropfen fliegen auf, wenn die Steine eintauchen. Dir ist, als sagte einer: Hosenscheißer! Du lachst. Recht hat er, der Fluß; was spielst du dich auf gegen ihn?

Er schleppt Sand und Steine, bohrt an den Ufern, reißt ab. Der Fluß, die Mulde.

Die Bäche treiben ihn. Jeden Augenblick gießen sie ihr Wasser in den Fluß, als wollten sie ihn zum Überlaufen bringen.

Wenn du hinausgehst zum Fluß, begreifst du seine Geduld, seine Arbeit durch Jahrmillionen.

[1] Berlet zitiert in seiner Chronik auf Seite 5 Melchior Mathesius.
»... diese Muldenfisch: Pramen, deren einesteils so groß, daß sie zu 10 und 15 Pfund gewogen, Hechte, so zuweilen zu 20 Pfund gefangen werden. Item große Elntfische, Zerten, Brossen, Persken, Alruppen, Ahle und Lampreten«
Brehm nennt Lampreten auch Neunaugen, Alruppe Dorsche, Brossen oder Brassen Bleie; Persken, vielleicht von Perca, könnten Barsche gewesen sein. Zerten (Zärten), auch Brachsen, liebten Süßwasser.

ZEITZEUGEN

Berge wurzeln in ehemaligen Mulden; Flüsse verlegen ihr Bett. Gletscher verschwinden und haben doch Steine geschliffen und tiefe Täler gegraben.

Das Gesetz der Erde ist Harmonie. Sie ist das Ziel, der Grund für ständige Veränderungen. Wo heute Wüste ist, floß gestern Wasser. Meere versiegen, Gebirge steigen auf. Der Bewegung im Inneren der Erde folgen Bewegungen der Erdkruste. Das Ziel ist die Ebene.

Ein geheimnisvoller Plastiker scheint unsere Erde geformt zu haben; einer, der aus der Tiefe heraus wirkt. Keinen Tag hat er gesäumt. Hat mit Lava geformt und mit Wasser. Hat Dampf aus der Tiefe verdichtet, und auch aus Asche Steine gemacht; seit mehr als 500 Millionen Jahren.

Die Geschichte der Erde ist verknüpft mit der Geschichte von Tieren und Menschen, ihren Wohnungen und ihren Städten. Glauchau verdankt seinen besonderen Reiz seiner Lage auf dem Berg mit den drei Rücken und den sieben Hügeln[1]; dem Fluß im breiten Tal und der grünen Hügelkette am anderen Ufer.

[1] Hügel: Schloßberg, Nicolaiberg, Postberg, Gottesackerberg (Töpferberg), Scherberg, Stadtberg, Kupferberg – (Elzenberg und Gründelberg) –

GRÄBEN UND GRÜNDE

Glauchau liegt an einem Bergabhang. Breite Gründe
(Gräben) führen hinab und hinauf. Manche sind
heute gepflasterte Straßen, von Häusern und Fuß-
wegen besäumt; andere sind verwildert, als wollten sie
zu ihrem Urzustand zurückkehren.

Die Gründe verbinden drei Stadtteile miteinander:
die Unterstadt, nahe der Mulde, die Mittelstadt auf
den Terrassen am Hochufer und die Oberstadt be-
hütet vom Rümpfwald. Zwischen den Gründen liegen
die sieben Hügel.

Die Gründe heißen: Hofgraben, Hirschgrund, Lehngrund. Es gibt den Großen und den Kleinen Lehngrund. Früher floß in den Gründen zeitweise Wasser
zu Tal, oder sie erschienen feucht und morastisch.
Vielleicht haben Gletscherwasser nach der Elsterkaltzeit die wannenförmigen Gründe ausgespült, oder das
Eis selbst hat mit Eiszungen »geleckt«. Besonders der
Carola-Park mit den Teichen (ehemals Großer Lehngrund) läßt einen nacheiszeitlichen Rinnsee vermuten; die Teiche könnten aber auch durch Toteisblöcke
entstanden sein.[1]
    Der Name Lehngrund muß nicht auf »Lehen« zu-
rückgeführt werden, es kann auch Lehmgrund geheißen haben. Mehrere Ziegelein im Bereich des Großen
und Kleinen Lehngrundes sind nachzuweisen.[2]

15

Der Lehm könnte mit dem Eis vom Norden her gekommen sein. In der wissenschaftlichen Literatur konnte ich bis jetzt keine genaueren Aussagen über unser Gebiet finden. Während der Saalekaltzeit lag Glauchau am südlichen Rand des Eises. (Der Mülsengrund und die vielen Gründe in der Rümpfe waren wohl auch einmal »Eiszungen«.)

¹ Toteis – aus Geologische Streifzüge – Toteis war sicher an der Bildung der Rinnenseen beteiligt. Kleine ausschmelzende Toteisblöcke haben Sölle (sing. Soll) entstehen lassen; das sind rundliche, oft wassergefüllte Vertiefungen bis etwa 30 m Durchmesser.

² Karte T:No LXXXIV,S – Meilenblatt Bergarchiv/Freiberg

DIE MULDE

Es regnet leise im Sumpf. Alles ist leise dort; auch die
Quellen sind es. Manche bilden nur eine kleine
Lache, eine Pfütze. Dann verschwinden sie wieder,
daß keiner sie entdecken kann. Aber unterirdisch
rinnen sie fort – und plötzlich, ein kleines Stück
weiter talwärts, tritt das Wasser wieder ans Licht.

Die Quellwasser lieben die Gesellschaft; bald findet
ein Bächlein das zweite und schon hüpfen sie munter
über die Steine.

Der Fluß im Tal sammelt sein Wasser auf dem Berg.
Früher war der Sumpf in den Mulden am Hang noch
sumpfiger als jetzt. Manches Wasser, das klar zu Tal
kam, hatte einen sumpfigen Anfang.

Die Rote Mulde

Nahe Schöneck (im Vogtland) steht eine Bank im Wald auf einem schmalen Damm zwischen zwei Teichen. In einem nahen Brunnen vermutet man die Quelle der Mulde. – (eine Tafel an einem Baum zeigt uns ihren Lauf bis zur Mündung in die Elbe) –
Aber der Förster hat den Brunnen bauen lassen. Er wollte den »ewigen Streit« zweier Nachbarn beenden, von denen jeder sagte: »Die Muldenquelle ist in meinem Keller.« Der Förster kennt die Quellen genau.

Wir folgen dem Lauf des Bächleins und verlieren bald seine Spur; dafür finden wir Hirschlosung im Dickicht zwischen Sphagnum und Binsen. Wir kehren um und überlassen den Hirschen und dem Förster das Geheimnis der Quellen[1].

Die Weiße Mulde

Es heißt: Wo viele Quellen sind, haben Menschen viele Tränen geweint. Und der Fluß schafft die Tränen ins Meer, damit die Erde wieder trinkt. Aber manchmal sind Tränen schwer wie Steine, dann bleiben sie am Ort und füllen Teiche. Verborgen wie die Augen Gottes sind solche Teiche, und sie sind von besonderer Schönheit.

Im Wald, nicht weit von den Quellen der Weißen Mulde, findest du den Unteren Muldenteich. Still liegt er, seitab vom Wanderweg, zwischen schwarzen Ufern über schwarzem Grund schimmert das Wasser wie der Urort des Lebens. Oben, im Licht, ein blauer Kreis.

Lupinen und Wollgras säumen das Ufer, und auf dem sumpfigen Pfad versperren abgebrochene Bäume den Weg.

Zurück zum »Langen Flügel«![2] Der Waldrand ist bald erreicht. Ein einsames Bauernhaus steht am Weg zwischen den Wiesen. Schafe weiden am Rand. Das Bachbett liegt tief in der Erde; ich gehe im feuchten Schotterbett, das Gras reicht mir über die Knie. Bald verzweigt sich der Lauf des Bächleins und die Wiese wird immer sumpfiger.

Drinnen im Hochwald finde ich eine weiße Spur in einer Rinne, auf fauligem Laub; am Ende der Spur eine schwarze Lache, und Wasserlöcher rundum zwischen Moosen und Farnen, Binsen und Wollgräsern.

Am Waldrand, nicht weit von der kleinen Lache, entdecke ich den Bachlauf wieder; und, unter der Rasendecke des Ufers, eine Schicht grauweißen Mergels, Steine von derselben Farbe.

Ein paar Wochen danach, in meiner Stube, hat sich der Mergel in feinkörnigen Sand verwandelt. Und Splitterchen feinsten Glases glitzern darin.

Wer zu den Quellen geht, fragt nach dem Woher. Woher haben die Mulden ihre Namen? Warum heißt die Rote Mulde Rote Mulde? Sieht ihr Wasser vielleicht rot aus?

Am Wege finden wir einen Stein mit rostrotem Einschluß. Eisen. Und die Weiße Mulde? – Im Quellgebiet gibt es Kalk, Calcite und Kaolin.[3] Nach starken Regenfällen, bei Gewittern, wenn das Bett der Weißen Mulde aufgewühlt ist, dann färbt sich ihr Wasser.

Flüsse sind Straßen in zwei Richtungen. Und irgendwo fängt jede Straße an.

Die Mulde beginnt in Muldenberg. Dort, wo die Bruchsteinmauer das Tal verschließt, damit die Wasser der beiden Mulden sich stauen.[4]

Von Osten bringt der Saubach noch Wasser in die Talsperre, und am Westufer mündet ein namenloses munteres Bächlein.

Seltene Vögel leben an der Talsperre: Regenpfeifer, Rotschenkel, Wasserläufer. Hirsche trinken hier, kurz vor der Nacht. (Dann sitzt der Wanderer schon im nahen Gasthaus bei einem freundlichen Wirt.) Wer sich traut, kann im Mondenschein baden, denn die Zwickauer Mulde füllt an ihrem Anfang einen zweiten See, diesseits der Staumauer.

Das Flußbett neben dem Badeteich bliebe wohl manches Mal leer, gäbe es nicht den Silberbach. Er gibt als erster in geheimnisvoller Stetigkeit.

Bei Hammerbrücke und Jägersgrün fließt die Mulde wieder durch sumpfiges Land. Dort nimmt sie vom Roten Fluß und der Kleinen Pyra. Die Große Pyra, der Zinsbach, die Wilzsch, die beiden Erlbäche und viele, viele Bächlein bringen der Mulde Wasser von den Höhen, rechts und links ihres Weges nach Nordosten. Dann füllt sie die Talsperre Eibenstock. Nördlich vom Gerstenberg geht ihr Weg weiter: an Blauenthal vorbei, bis Aue, dann ein kleines Stück nordwärts bis Stein (bei Hartenstein). Von nun an scheint sie nach Nordwesten zu streben; aber sie fließt nur in einem großen westlichen Bogen bis Rochsburg.

Auf diesem Weg kommt sie über Wilkau-Hasslau und Zwickau zu uns nach Glauchau.

10 Millionen Jahre sind kein Alter für einen Fluß. Tatsächlich gibt es Zeugen für ein altes Flußbett, aus voroligozäner Zeit.[5] Die Geburtsstunde unserer Mulde liegt im Tertiär; Hoffnung und Ulmenstraße sind auf einer tertiären Terrasse erbaut.[6] Während der Elsterkaltzeit vor etwa 300 Tausend Jahren vereiste auch unser Gebiet. Als das Eis taute, setzten sich Gerölle ab und fruchtbarer Schlamm. Kiese bildeten 40 bis 60 m dicke Schichten entlang des Flußlaufes. Aber Flüsse wollen im Flusse bleiben und lieben ihr Bett. Die Mulde hat in die Tiefe gegraben und den Berghang geschliffen. So entstanden die Terrassen von Glauchau. Die oberste Terrasse ist die älteste. (Fischergasse, Leipziger Straße und Brüdergasse liegen auf diluvialer Terrasse. Entstehung im Pleistozän.)

Vor der Saalekaltzeit floß die Zwickauer Mulde etwa von Grimma an westwärts, vereinte sich mit Pleiße, Weißer Elster und Saale. (Die Freiberger Mulde hatte damals ihren Weg über Döbeln und Riesa nach Torgau.)

Die westliche und die östliche Mulde flossen also getrennt voneinander zur Elbe.

Jetzt vereinen sie sich bei Sermuth und münden gemeinsam bei Dessau.

Früher soll die Mulde Rochlica geheißen haben, schnell fließendes Wasser.[7]

[1] Manche sagen, die Quelle der Roten Mulde habe die alten Lehmgruben in Teiche verwandelt.

[2] Wanderweg

[3] Im Quellgebiet gibt es Quarz-Hämatit-Gänge, Siderit-Hämatit (Eisenspat); Entstehung vor etwa 50 Millionen Jahren

[4] Trinkwassertalsperre; Längste Bruchsteinmauer 470 m

[5] Ruth Kramer: Quelle S. 3

[6] Die Strukturen des Stadtbildes gliedern Mittelstadt und Oberstadt durch Täler und Gründe von Südost nach Nordwest. Die Gartenstraße liegt wie ein altes Flußtal zwischen Ulmenstraße und Hoffnung.

[7] Berlet S. 12

ÜBER DEN ZERSTÖRENDEN CHARAKTER DES FLIESSENDEN WASSERS

»Das Wasser ist des Wassers Feind, das fließende Wasser der Feind des stehenden, der Fluß der Feind des Sees. Die nagende Kraft des fließenden Wassers vermag alle Talriegel zu durchbrechen; dann fließt das Wasser der Seen ab...«[1]

In geologisch alten Landschaften, wo die Erdoberfläche seit Jahrmillionen den zerstörenden Wirkungen des fließenden Wassers ausgesetzt war, fehlen die Seen (z. B. in den deutschen Mittelgebirgen).

[1] »Landschaft der Seen«; Vorwort von Inge Hartsch 1958

REMSE ODER REMS AM SEE?

Das Bett der Mulde ist jetzt schmal. Nur die Terrassen
an beiden Ufern erzählen von einem anderen Bett,
zwei Kilometer breit.

Ein See?
Der Sage nach hat an der engsten Stelle des Tales
»ein Felsendamm den Lauf der Mulde gehindert, so
daß sie weit hinauf einen See gebildet habe.«
Tatsächlich mußte die Mulde an der Stelle den
Schieferwall zernagen, der das Granulitgebirge vom
Rotliegendenbecken trennt.
Hoch am Berg standen damals Vorratshäuser
(Speicher). Der Ort erhielt den Namen Remse.[1]

Im Zusammenhang mit der möglichen geologischen
Entwicklung fiel mir die Schreibweise ins Auge.
(In Dänemark gibt es Odense, die Geburtsstadt
H. Chr. Andersens; -se für See.)
Dieser Deutung entspricht auch die Erklärung der
Etymologen. Danach ist Rems eine sehr alte Bildung,
die zum alteuropäischen Namengut gehört. Ihre
Bedeutung – die Ruhige, »das ruhig dahinfließende
Wasser« (siehe auch K.-H. Hengst, Ortsnamen S. 92).
Die Schreibweise Remsse aus dem Jahr 1193 unter-
stützt meine Vermutung; auch der Umstand, daß
Klöster besonders gern an Seen errichtet wurden.

---

[1] Siehe auch Chronik von Eckardt S. 1 und Chronik von Berlet S. 5!

23

DAS MEER

Aus der Chronik von Ernst Eckardt, Seiten 5 und 6:
Das Erdinnere und seine Entstehung... Die älteste
Erdrinde bestand aus dem Urgebirge: Granit, Gneis,
krystallinischem Schiefer. Dieselbe war weit und breit
mit Wasser überdeckt, oder ragte, wo sie durch unterirdische Vorgänge gehoben war, in der Gestalt von
felsichten Inseln hervor, wie das nachmalige Riesen-
und Erzgebirge und der Böhmerwald. Den Meeres-
boden von dem größten Teil unseres sächsischen
Vaterlandes bildete krystallinischer Schiefer. Diesen
durchbrach eine gewaltige Granulitmasse in Gesalt
eines Ovals, dessen Umfang gegenwärtig die Orte
Döbeln, Hartha, Geringswalde, Wechselburg, Penig,
Callenberg, Hohenstein, Wittgensdorf, Sachsenburg,
Arnsdorf, Roßwein bezeichnen. Da bei dieser Erhe-
bung am Rande das Schiefergestein mit emporstieg;
so wird dieses Granulit – oder Sächsisches Mittelgebirge von einem Ring von Schiefer... umgeben.
  Zwischen diesem neuentstandenen Mittelgebirge
und dem Erzgebirge... war eine Vertiefung geblieben,
die mit dem Meer im Westen (gewöhnlich als »das
thüringische« bezeichnet) zusammenhing und ebenfalls mit Wasser gefüllt war, also ein Meerbusen. Er
begann in der Gegend des heutigen Chemnitz, Fran-
kenberg und Hainichen, erstreckte sich, immer breiter
werdend, 5 Meilen weit nach Nordosten und ging
zwischen dem jetzigen Reinholdshain und Oberhas-
lau bei Zwickau in das Meer über. Daher heißt die
Gegend noch heute, obwohl keineVertiefung von
früher her wahrzunehmen ist, »das erzgebirgische
Bassin«.

ROTLIEGENDES

Im Rümpfwald liegen drei »Schwarze Teiche«. Aber einer ist rot. Das Rot leuchtet vom Grund her, wenn Sonne ins Wasser taucht. Der Fuß ertastet glatten Stein – sauber, wunderbar – als ob Wasser Sandstein geschliffen hätte.

Wasser und Wind haben uns das Rotliegende gebracht; die Stadt steht drauf, der Wald, und selbst der Fluß kennt den Stoff, aus dem die Erde von Glauchau gemacht ist. Rote Erde oder roter Stein? – Hier derb und glanzlos, da erdig mit feinem Tongeruch, oder dicht und feinkörnig mit mattem Glanz. Glauchau liegt am Rand des erzgebirgischen Beckens, einer Senke.[1] Wer auf der Landkarte eine Linie zieht zwischen Werdau, Glauchau, Hainichen, der entdeckt die Parallelität zum Erzgebirgskamm. – Die Senke entstand im Tertiär, nach dem Absinken des Ohre-Tals im Süden und der Hebung der »Erzgebirgsscholle« um 1000 Meter. – Die Werdau-Hainichener Senke heißt auch erzgebirgisches Becken.

In Mitteldeutschland gibt es noch andere Becken; alle haben gesammelt, was im Zeitalter Karbon und Perm von den Höhen herabfloß. Nun liegt es in Schichten übereinander – mehr oder weniger rot, hell und dunkel. Für Glauchau ist das Rotliegende ebenso charakteristisch wie die Mulde und die Rümpfe.

Am Rande des erzgebirgischen Beckens sind die Rotliegendschichten weniger stark; sie werden nach der Mitte hin mächtiger. Bei St. Egidien wurden 430 m gemessen, in Thurm 790 m. Für Ortmannsdorf und Mülsen wird die Stärke der Rotliegendschicht auf 1000–1100 m geschätzt. Das Rotliegende im Glauchauer Gebiet besteht aus Sandsteinen und

Konglomeraten, Melaphyr und Quarzporphyr, Porphyrtuff und Tongesteinen.[2] Die Konglomerate sind Abtragungsschutt aus nordischen Ländern und dem variskischen Gebirge. Die Zerstörung von Felsen, ihr Zerkleinern und ihre Auflösung zu Staub geschah vermutlich vor 300 Millionen Jahren, während des permokarbonischen Eiszeitalters. Erde, in der Pflanzen wurzeln, ist zerfallener Stein; Regen machte ihn naß, Sonne brannte ihn, bis er haarfeine Risse bekam; Wasser füllte die Risse und zerfror den Stein während lang andauernder eisiger Zeit. (Vorgänge, die uns aus der quartären Eiszeit bekannt sind.)

Porphyr – griechisch porphyreos – purpurfarbig. Der Quarzporphyrfelsen von Augustusburg ist der Rest eines Vulkanes aus dem Oberkarbon oder Unterperm. Lava überflutete damals große Gebiete, manchmal mehr als 2000 Quadratkilometer. Quarzporphyr gehört zu den granitischen Magmen. Auf dem Rochlitzer Berg wird heute noch Porphyr abgebaut.

Rot: Farbe der Sonne, Farbe des Feuers, Farbe der Verwandlung. Vor 4 Milliarden Jahren begann die Erdgeschichte, eine Geschichte der Metamorphosen.

Definitionen[3]

Brekzie – ital. – Geröll
grobkörniges Trümmer-(Schutt-)gestein, gehört zu den Kieseln; größer als 2 mm; kantige, eckige Bruchstücke

Konglomerate sind gerundete Geröllle, verbunden durch ein mineralisches feineres Bindemittel.
conglomerare – lat.– zusammenhäufen

Porphyrtuff ist vulkanischer Tuff; grobklastisch als Schlacke in Kraternähe, feinklastisch durch kraterferne Ascheablagerungen.

Melaphyr: Ergußgesteine, griech. melas – schwarz; phyrein – besprengen. Man bezeichnet als Melaphyre alte Basalte vom Typ Olivinbasalt bzw. Plagioklasbasalt permokarbonischen Alters.

Sandstein ist ein Sedimentgestein. Wir unterscheiden nach der Art der Bindemittel: kalkigen, tonigen, kieselig-tonigen eisenschüssigen Sandstein und Sandsteinquarzit. Je nach Bindemittel sehen Sandsteine hellfarben, braun oder rot aus. (Wüstenklima bildet rote Steine!)

Tongestein ist Sedimentgestein (Ton, Schieferton, Tonschiefer – auch rot); es entsteht durch Verwitterung und Umlagerung, Arbeit der Elemente. Eisenoxidreiche Tone mit großer Wasseraufnahmefähigkeit nennt man Letten. Gefüge: erdig, feinklastisch

[1] Siehe auch Chronik von Ernst Eckardt!

[2] Erläuterungen zur geologischen Spezialkarte zum Blatt 94 Sektion Glauchau - Waldenburg

[3] Quellen: Jubelt/Schreiter – Gesteinsbestimmungsbuch
Steiner/Wagenbreth – Geologische Streifzüge
Marcinek, Joachim – Die Erde im Eiszeitalter
Ernst Probst – Deutschland in der Urzeit

DIE RÜMPFE

Kleine Bäche in großer Zahl entspringen im Rümpf-wald, rinnen vom Rücken des Berges in alle Himmels-richtungen. Gräben und Gründe, Wasserlöcher, Tüm-pel und Teiche erinnern auch hier an die Eiszeit. An manchen Stellen der »niederen Rümpfe« erinnert die Oberfläche ans Meer; man vermutet unter Gras und alten Nadeln Steine, wellenförmig abgelagert, beson-ders in der Nähe der »Steinernen Kuh«. Nicht weit von der »Schwarzen Tafel« führt ein Pfad langsam hinun-ter in einen feuchten Grund.

In heiterem Wechsel stehen Fichten, Lärchen und Kiefern neben dem Faulbaum und der Trauben-kirsche; Heiden blühen schon wieder, und die Moose sitzen an feuchten Stümpfen in rührender Schönheit. Heidelbeeren finden wir; aber das Himbeergestrüpp am Wegrand ist leer.

Viele Farne schmücken romantische Mulden, und Waldgras lockt zur Rast. Unser Ziel ist die »Steinerne Kuh«. (Ohne die Hinweise am Wegrand hätten wir kaum hingefunden.) Zweimal mußten wir noch fragen; und einmal dacht` ich, wir hätten uns ver-laufen. So groß ist die Rümpfe noch heute!

Die »Kuh« liegt auf einer Lichtung auf einer trockenen Erhöhung, inmitten anderer Findlinge (Knollen-steine).[1]

Der Platz könnte schon eine ehemalige Kultstätte gewesen sein; das Rind war in der Frühzeit ein heili-ges Tier, und die Kuh sieht aus wie das Kunstwerk eines noch ungeübten Menschen. Vielleicht haben in diesem Teil des Waldes Menschen gelebt, fern von ihresgleichen. Vielleicht wollte ein Einsamer der Nachwelt von seinem Leben im Wald erzählen? Vielleicht haben gerade diese dem nahen Berg und dem Fluß und dem Wald diese Namen gegeben:

der Rimpf, die Rimpf, der Rimpfwald.

Der Rimpf liegt südöstlich vom Rehbocksberg. Dort beginnt als Quellfluß des Wernsdorfbaches die Rimpf[2].

die Rimpf (Fluß)   der Rimpf (Berg)   der Rimpfwald

Die Kelten hatten die Gewohnheit, Berge und Flüsse zu benennen. Ob rimpf Morast bedeutet, von »ruimne«, das muß der Etymologe entscheiden.[3] Es wäre möglich. Aber es kann auch sein, der Fluß hat seinen Namen seinem Aussehen zu verdanken. Der Bachlauf gleicht einer Wellenlinie.

In Grimms Wörterbuch steht: Rimpf-Runzel; faltenrimpfen, in erster und ursprünglicher Bedeutung.

Sicher scheint, daß der Waldname vom Flußnamen abgeleitet wurde.

[1] Knollensteine: Braunkohlenquarzite aus dem Tertiär

[2] siehe Karte T. No LXXXIV.S 1828/1833 von Kirbach und Lohmann

[3] siehe auch Eckardt Chronik S. 17

THURM

Ehe die Blätter fallen, färbt sich der Wald; Herbst-
sonne bringt Gold auf die Bäume. Wind färbt unsere
Wangen. Viele Wege führen nach Thurm. Einer von
der Klatschmühle bei Schlunzig (der Mündung des
Mülsenbaches) an Wulm vorbei, über Niedermülsen,
immer am Bach entlang. Früher lag Thurm mitten im
Wald. Der Turm gehörte zu einer mittelalterlichen
Wasserburg.[1] Sein Rest steht am Rande eines Teiches
in einem Wiesengrund. Schon wächst Gras über die
Steine, aber der Rundbau ist noch erkennbar. Die
Menschen, die ihn bauten, müssen von den Römern
gewußt haben.

Wir gehen in die Rümpfe[2]. Wir gehen an der Kirche
vorbei, vorbei am Friedhof; links führt der Pfaffen-
steig nach Voigtlaide. Auf einem schmalen Pfad gehen
wir hinauf zum Gottesholz bis zu einer Kiesgrube.
Überall finden wir Spuren der Vergangenheit. Spuren
des Eises und Spuren von Menschen.

Der Weg zwischen Wald und Acker führt uns auf eine
Höhe. Früher hieß der Berg »die Rimpf«. Sein Nachbar ist der Rehbocksberg. Beide bilden zusammen mit
einem kleineren »Rundhöcker« den »Kälberkeil«.
(Der Rimpf: 370 m; der Rehbocksberg 341 m)
Wir halten uns links, spazieren einen steilen Waldweg
hinunter in Richtung Wernsdorf. Am Fluß des Berges
kreuzt der Weg nach Voigtlaide. Dort finden wir auch

den Wernsdorfbach; aber wir wenden uns und gehen
zurück in den Wald, den vergessenen Quellfluß zu
suchen, der »**die** Rimpf« hieß.

Wir finden den Bachlauf und folgen ihm. Vorsichtig
streifen wir durchs Unterholz, treten, steigen, sprin-
gen, gehen mal rechts, mal links vom Bachbett, mal
mittendrin. Der Bach windet sich um den Berg. Hier
und da rinnt noch Wasser herab, also gehen wir bergan. Uralte Erlen mit knorrigen Stämmen und rauher,
rissiger Rinde wachsen am Grabenrand, weisen uns
den Weg. Links steigt der Hang des Rehbocksberges
steil hinauf, von rechts fällt Licht herein in den Wald;
der Acker draußen ist frisch gepflügt.

Wir finden verlandete Zuflüsse. Das Wasser hat sich
in unterirdische Gefilde zurückgezogen. Nur die
Pflanzen künden von seiner Nähe. Abgebrochene
Äste, halb verfault, erhöhen den Reiz der uralten
Natur. Wir würden uns nicht wundern, wenn plötzlich
unsere Ahnen leibhaftig vor uns auftauchten, wäsche-
waschende Weiber und Männer beim Fischfang.

Als wir Binsen und Seggen entdecken, stehen wir
vor dem zerstörten Damm eines Teiches. Über uns das
Blätterdach von Ahornbäumen und Eichen, und
unter unseren Füßen die Nadeln vieler Jahre, von
Lärchen und Fichten.

Nun steigt das Gelände deutlich an. Aber wir kommen nicht weit. Dicht stehen junge Ahorngerten, stark
genug, jedem harten Griff zu trotzen. Der Wald hat

einen Teil des Bachbettes erobert. Doch der Quellort muß nahe sein, der Ort der Quelle am Rimpf. Am Abend, als wir in der romantischen Gaststube vom Gasthof Thurm sitzen, sind wir sicher, uraltes Siedlungsgebiet erlebt zu haben.

Thurm ist ein kleiner Ort im Zentrum des Mülsengrundes. »Milsena, Milisa, Milisunge«[3] – die Götter streiten sich über die Bedeutung des Namens. »Gelb, lohfarben« oder »dunkel, lehmig« wird das Wasser des Mülsenbaches wohl gewesen sein, als der moderne Unrat noch nicht in den Bächen landete. Sand oder Lehm, vom Wind hergeweht und in Eisspalten gefangen, wird das Wasser gefärbt haben.

[1] nach Meilenblatt von 1790 ein Areal von 75 x 50 m; erwähnt 1599 als Rittergut (Quelle: Volkmar Geupel »Bodendenkmale«)

[2] »Rümpfe«: Waldgebiet zwischen St. Egidien, Thurm und Lichtenstein

[3] Karlheinz Hengst: Ortsnamen S. 76–79

SPUREN

Mit einem Stöckchen, von einem Baum gebrochen
oder von einem dürren Zweig, ritzen die Kinder
Linien in die Erde – Huppekästchen – sieben oder
zwölf übereinander; die Regeln sind verschieden.
Dann brauchen die Kinder noch »Glückser«, Steine
von seltener Farbe, am besten durchsichtige. Jedes
Kind wirft seinen Stein, wenn es an der Reihe ist.
Gesprungen wird auf einem Bein. Nur im »Himmel«
darf man sich ausruhen. Man springt zurück und
wirft nun den Stein ins zweite Kästchen. Wer daneben
tritt, muß warten. Die anderen kommen dran.

Im Spiel der Kinder spiegelt sich unsere Welt. Die
Bilder erscheinen zwar verändert, aber immer sind
die Kinder auf der Suche nach dem Guten. Sie gestal-
ten aus ihrer Ratlosigkeit heraus und aus der Sicherheit ihrer Erkenntnis. Auch Erwachsene spielen. Mancher versucht sein Glück mit Würfeln, andere spielen
Dame, Mühle oder Schach[1].

Herodot[2], der Vater der Geschichtsschreibung, berichtet von den Lykiern, daß sie während einer Hungersnot ein Brettspiel erfanden, um beim Spiel den
Hunger zu vergessen. (Es heißt, sie hätten einen Tag
gespielt und am zweiten gegessen, und so fort. Zwölf
Jahre lang.)[3] Schon in der Steinzeit gab es Brettspiele.
Uralte Spielsteine fand ich im Museum von Crimmitschau; kleine Steine, ein halbes Dutzend auf die
Hand. Die meisten sind oval, manche rund, alle dick
und knuppelig; hell und schwarz, grau und braun,
polierte Steine. Einer sieht aus wie eine fliegende
Untertasse. Nicht weit von Glauchau, in einem klei-

nen Ort[4], hat man sie ausgegraben, zusammen mit anderen Resten menschlicher Kultur. Kleinere und größere Siedlungen wurden gefunden, 6000 Jahre alte Spuren. Der Lehrer und Kantor Alban Zöllner erzählt von seinen Entdeckungen:[5]

»Der Zufall, bei günstiger Beleuchtung und neblichter Feuchte, ließ auf dem Feld eine dunkle Stelle erkennen. (Zwischen Frankenhausen und Gosel, an der Straße und auf dem Feld des Schmiedemeisters, Iwan Päßler d. A.)[6]

Der Humusboden, den wir vorerst beiseite werfen mußten, lag verschieden tief. Von der Straße herauf war er flach, manchmal nur einen Spatenstich tief, nach Osten aber, nach dem Talrand zu, mußten wir ein bis eineinhalb Meter tief graben ehe wir die dunkle Hüttenerde fanden. Dort war in den Jahrtausenden nach dem Untergang dieser Siedlung die lockere Oberschicht vom nahen Hang angeschwemmt bzw. abgesetzt worden ...

In dem unteren Teile des Feldes, nach dem Flusse zu, war der Untergrund stark eisenhaltig. Man fand sogar ganze Eisenwacken, oft röhrenartig. Dadurch war der Tallehm rostbraun oder gar schwarzbraun gefärbt, so daß er nur schwer von der gesuchten Kulturerde zu unterscheiden war. So war die Feststellung über das Vorhandensein einer Wohngrube nicht so leicht und konnte erst nach weiteren Ausschachtungen erfolgen. Besonders im Anfange war die Arbeit oft umsonst. Dann wurde das ausgeworfene Loch sofort wieder geschlossen, (sobald man auf gewachsenen Mutterboden stieß). So haben wir 5 bis 6 Wochen lang, jeden Sonnabend und Mittwoch nachmittags gearbeitet und mehr als 100 Gruben angestochen. Beim späteren Zuschütten wurde mehr gefunden als beim Aufdecken der Grube. (zerbrochene Mahlsteine, ein Schleifstein, Steinbeile, Poliersteine, Scherben – auch schön gezeichnete – d. A.) ...

Die Siedlung zwischen Zschöpel-Kummer-Nitzschkau ist mehr als 1 Kilometer lang.

Es steht also fest, daß es sich hier um eine sehr große Siedlung, fast möchte man sagen Stadt, handelte, die vielleicht – wenn man die Größe der Fläche und die Entfernung der Hütten voneinander berücksichtigt – Hunderte, ja möglicherweise tausend und mehr Wohnungen hatte.

Ja, es kann als sehr wahrscheinlich angenommen werden, daß sich die Siedlung durch den oberen Teil von Gosel hinzog und mindestens bis zur Mündung des Forellenbaches reichte, vielleicht sogar nach Waldsachsen zu umbog, denn hier am Ausgang der Forellenau sind die springenden Borne, die auch im Winter nicht zufrieren und dem Steinzeitler klares Trinkwasser lieferten ...

Anfangs glaubten wir eine halbkreisförmige Anlage feststellen zu können, von der die Straßen strahlenförmig ausgingen. Doch bald erkannten wir, daß die Annahme falsch war, daß vielmehr die Reihen in schnurgerader Linie von Südwest nach Nordost laufen. Die Entfernung der Einschlaglöcher voneinander war überall die gleiche 20 Schritte = 15 m.

Als wir das einmal festgestellt hatten, war das Auffinden neuer Wohngruben sehr einfach. Man lief von dem letzten Einschlag in gleicher Richtung vorwärts und traf da mit Sicherheit auf die neue Grube, ebenso, wenn man 20 Schritte quer lief. Größe der Wohngruben 25 und 35 m² und mehr – Hütten von Süd nach Nord – so daß die Sonne voll hineinscheinen konnte. (Alle Lasten wurden noch auf dem Rücken geschleppt, also Wegbreite zwischen 3½ und 5½ Meter d. A.)

...Breitspurige Ochsenwagen gab es erst seit den Wanderzügen der Germanen...«

Die Epoche mit Bandkeramik

Alban Zöllner[7] schreibt darüber:

»Bandkeramik – älteste Kulturperiode der jüngeren Steinzeit, in Mitteleuropa etwa 4000 vor Christus. Sie hat eine ziemlich große Verbreitung; denn sie nimmt das ganze Donaugebiet ein und reicht von Mitteldeutschland nach Westen bis nach Belgien hinein. Unsere Heimat bildet ungefähr die Grenze. Die Träger dieser Kulturen waren Ackerbauern und Viehzüchter (siehe Weizenkörner und Knochen im Museum) aber auch mit einem hochentwickelten Handwerkerstand... Ihre Spuren lassen sich bis hinauf ins Gebirge verfolgen...

Die Gefäße dieser Zeit haben keine ebene Standfläche, sondern einen runden kugeligen Boden und ähneln in der Form einer Halb- oder Dreiviertelskugel oder einer Birne und heißen deshalb auch Bombengefäße. Sie sind dünnwandig und aus feingeschlämmtem Ton hergestellt und greifen sich oft wie Samt an.

Sie sind gelb, braun, seltener schwarz und an der Außenseite stets sauber geglättet, oft sogar poliert...
Der »Forscher Klopffleisch Jena hat zuerst diesen Namen (Bandkeramik d. A.) gebraucht, weil die Verzierung an Bänder erinnerte... Verzierungen mit Feuersteinmesser oder einem zugespitzten Stäbchen freihändig in den weichen Ton eingeschnitten«, girlandenartig, in Spiralform, als einfache Linie, als Doppelband aus zwei oder mehreren parallelen Linien...(d. A.)

Charakteristisch für die Kultur der Bandkeramik sind außerdem zwei Steingeräte: »Die einseitig gewölbte Flachhacke oder das Flachbeil und die Hochhacke, (Schuhleistenkeil genannt). Die Hochhacke ist schmal, meist höher als breit, (ganz verschiedene Größen). Ist sie quer, parallel zur Schneide durchbohrt, so wurde sie als Pflugschar benutzt, sonst diente sie zum Ablösen der Fichtenrinde..« Zöllner schreibt weiter über die Bandkeramiker: »Sie glaubten an ein Fortleben nach dem Tod und gaben ihren Verstorbenen in das Flachgrab, in Schüsseln und Töpfchen, Wegekost mit. Zeigten sie so Liebe zu den Verstorbenen, so hatten sie doch große Angst vor der Wiederkehr derselben und befürchteten allerlei Schabernack von ihnen. Deshalb banden sie ihre Toten an Händen und Füßen und setzten sie in Hockerstellung der Erde bei, beschwerten das Grab, wohl der Sicherheit halber, mit großen Steinen...«

Die Kulturschicht in Gosel (1 m) läßt auf eine langandauernde Besiedelung schließen. Weitere Fundstellen: auf dem Steinberg bei Ponitz, hinter den Tongräben nach Waldsachsen zu und u. a. in Seiferitz.

[1] Brockhaus: Brettspiele waren schon in Griechenland und im alten Ägypten bekannt. Araber und Römer verbreiteten sie in Europa. 50 Grundformen, die meisten sind Verstandesspiele. Durch Würfel werden sie zu Glücksspielen. Brettspiel: lat. tabula. Hülsemann schreibt in seinem Buch der Spiele (1930):
»Von Rom aus kamen die Brettspiele zu den Germanen, aus deren Frühzeit schon ein- oder mehrfarbige, aus Glas, Bernstein, Knochen oder Stein gefertigte Spielsteine erhalten sind.... Spielbretter, Steine und Schachfiguren sind als Meisterwerke der Drechsler und Goldschmiede gearbeitet worden.« Hülsemann erwähnt u. a. Indien und Babylon als Ursprungsländer. Er nennt noch die Spiele Attention, Schafe und Wolf, Tokkadille.

[2] eigentlich Herodotes, geboren um 484 v. Chr. in Halikarnassos in Griechenland, gestorben um 425 – floh vor dem Tyrannen Lygdamis nach Samos, wirkte, zurückgekehrt, an dessen Sturz mit. In Athen las er Teile seines Geschichtswerkes vor und erhielt eine Staatsbelohnung. Den auch erdkundlichen Stoff sammelte er auf Reisen durch Asien und Afrika. Die Alexandriner teilten das Werk in 9 mit Namen der Musen bezeichnete Bücher. Herodot war ein hervorragender Erzähler, der sich um Wahrheit bemühte, Sagenhaftes von Geschichtlichem trennte. Er hat scharf beobachtet und meist richtig dargestellt.

[3] Lykier (oder Lydier d. A.)

[4] Kummer bei Schmölln

[5] aus Zöllners Tagebüchern und der Zeitschrift »Heimatstimmen aus Meerane und Umgebung« (1926–1940)

[6] bei Crimmitschau

[7] Alban Zöllner wohnte vor dem zweiten Weltkrieg in Ponitz bei Meerane. Archäologen des Zwickauer Museums würdigten Alban Zöllner in ihrer Schrift » Archäologische Streiflichter«. Das Heimatmuseum von Meerane zeigt die Funde Alban Zöllners in einer kleinen Ausstellung. Die Spielsteine, die in Kummer bei Schmölln ausgegraben wurden, sind Teil einer Sammlung frühgeschichtlicher Funde im Museum Crimmitschau.

BILLENDORFER SIEDELN
AUF TERRASSEN

Feuer brennt in der Hölle[1]. Und ohne Hölle kein Topf!
Aber den Ton mußt du formen, und das Feuer schü-
ren, nicht zu heftig, damit der Ton nicht reißt! Sonst
kann er niemals Wasser fassen.

Ehe der Ton geformt und gebrannt wird, muß er frie-
ren. An frostfreien Tagen gießt man Wasser über die
Tonbrocken, dann arbeitet der Frost. Er sprengt und
lockert das Gefüge des Tones, macht ihn mürbe. Dann
wird der Ton geschlämmt – in Wasser aufgelöst – in
einem Holzbottich mit Abflußlöchern. Am Boden des
Schlämmbottichs setzen sich die gröberen Teile ab.
Die feinen Tone fließen mit dem Wasser in andere
Holzwannen. Es dauert Wochen, bis der abgesetzte
Ton seinen hohen Wassergehalt an die Luft abgibt.

Mit dem Wasser hat der Ton Algen und Bakterien
aufgenommen. Damit Algen und Bakterien wachsen,
muß der Ton faulen. (Algen und Bakterien scheiden
kolloide Stoffe aus, davon werden Kaoline und Tone
noch besser formbar.) Jahrelang liegt der Ton in den
»Maukgruben«. Erst dann beginnt die Kunst des
Töpfers.[2]

Wer an einem schönen Frühlingstag nach Meerane
wandern will, der sollte einmal in Glauchau in den
Zug steigen, in Richtung Gößnitz fahren und in Dennheritz aussteigen. Es ist nicht weit bis Seiferitz, und
du kannst dort auf uralten Wegen wandern. An Fel-
dern und Wiesen entlang, vorbei an hohen Bäumen
mit dicken Stämmen, vorüber an alten Bauernhöfen

mit kleinen Teichen und schnatternden Enten.
Menschen begegnen dir kaum, wenn du an einem
Sonntag gehst. Der Bach neben der Dorfstraße fließt
nach Meerane. Er hieß früher auch in Seiferitz »Meerchen«. –

Walter Schlesinger erwähnt die Billendorfer Kultur
von Seiferitz in seiner Arbeit (Dissertation) »Die
Schönburgischen Lande«.[3] Initiator und Augenzeuge
der Ausgrabungen war wieder Alban Zöllner. Wir
lassen ihn erzählen: » Unser Arbeitsfeld lag mitten in
Seiferitz, auf dem Schmidtschen Grundstück neben
der Schule, auf dem linken Hange des Seiferitztales.
Der Lehm wird abgebaut und in der Salzbrenner-
schen Ziegelei verarbeitet. Die Humusschicht wird
vorher streckenweise abgetragen und im Grunde wieder aufgeschichtet. Vor uns, nach O zu, zieht sich das
wasser- und quellenreiche Tal entlang, während im
Hintergrund die Bahn Gera – Glauchau läuft. Es ist
ein sonniger, fruchtbarer Hang nach SO, so recht
geeignet für die Altvordern, hier Siedlungsstätten zu
gründen. Kesselartige Einbuchtungen, angefüllt mit
dunkler Erde, zeichneten sich schon auf der senk-
rechten Lehmwand ab, ihre horizontalen Grenzlinien
ließen sich auf der Hochfläche nach vorsichtigem
Abschürfen leicht feststellen. Die dunklen Stellen
hoben sich vom Rotbraun des Lehmes deutlich ab
und bewiesen das Vorhandensein alter Kulturstätten.«

Zöllner beschreibt ausführlich die Entdeckung einer
bandkeramischen Siedlung.[4] Dann schreibt er:»Scherben wurden überall in der Wohngrube gefunden ... Sie
bereiteten uns die größte Überraschung. Die zuerst
gefundenen hatten nach Material und Form das

Gepräge der Bandkeramik. Auch die neuen Topf-
ränder glichen ihnen, aber bald kamen zahlreiche
Scherben mit einem meist kleinen, sehr starken
Boden, der ohne scharfen Umknick zum weit aus-
ladenden Bauch überging, zum Vorscheine. ...
Daß wir eine weit spätere Periode als die Bandkeramik vor uns hatten, das bewiesen zwei Scherben vom
Mundrande, bei denen die Lippe deutlich mit Ein-
kerbungen verziert war. Bei einer war der weiche Ton
mit dem Finger eingekniepen, so daß er nach außen
gepreßt wurde, bei der anderen hat man die kleineren
Eindrücke wohl mit einem Holzstäbchen hergestellt.
Bei einer dritten Scherbe sieht man tiefe Einkerbun-
gen, in welche die Fingerspitze paßt, 1½ cm unter
dem Mundrande um den Topf laufen, immer in Ab-
ständen von 3 cm. Sieben Scherben haben flache,
breite Strichverzierungen, mit einem schmalen Stäbchen im halbtrockenen Tone gezogen ... einmal treten
sie in Rhomben auf, die auf der Spitze stehen und
6 cm lange Seiten haben ... Bei einer Scherbe ist 3 cm
unter dem Mundrande ein Loch, offenbar für die
Henkelschnur, doch auffällig weit, mit einem Durchmesser von 0,7 cm.

Drei Scherben haben große Griffwarzen ... Neu-
artig, aber sehr schmuck sind mehrere Bruchstücke
mit Zierwarzen, deren Spitzen eingedrückt sind und
die darum kraterförmig aussehen. Sie sind nicht aus
der Masse herausgearbeitet, sondern erst nach der
Fertigstellung des Topfes aufgeklebt worden ...

Die flachbogigen Scherben stammen von größeren
Gebrauchsgefäßen, manche hatten kesselartige Run-
dungen. Sie sind aus gröberer Masse hergestellt und
stark mit Glassplittern vermischt, auch flüchtiger
geformt und nicht geglättet.«

A. Zöllner schreibt von den Seiferitzer Scherben, »daß die Wände aus drei Schichten bestehen, aus einer inneren dickeren, quarzreichen, meist dunkelgrau und aus den hier stärkeren Deckmänteln, welche sich durch ihre zarten Farben abheben und oft eine fettige Glätte haben. Die Farben sind sehr bunt: rotbraun, dunkelgrau, silbergrau, weißgelb, rötlich. Oft ist die Innenwand anders gefärbt als die Außenseite.

Als Farbe ist in dieser Grube gefunden worden: 1. Graphit (zum ersten Mal in dieser Gegend), 2. halbgebrannter Kalk ... 3. Phyllit mit Schichten von Eisenoxyd, welches zerrieben intensiv rot färbt.« –

Alban Zöllner glaubte, daß die Menschen, die die Töpfe gebrannt haben, am Ende der Bronzezeit oder zu Beginn der Eisenzeit auf der Terrasse am Meerchen gewohnt haben. (Schon etwa 3000 Jahre vorher hatten die Bandkeramiker an diesem Platz ihre Feuerstellen.) Billendorfer Kultur, benannt nach dem Gräberfeld von Bialowice bei Zielona Gora. Kennzeichnend sind vor allem die kleinen Keramikgefäße aus den Gräbern (Urnenbestattungen) und Burgwälle als Befestigungsanlagen.[5] Unter Billendorfer Kultur verstehen die Archäologen die letzte Phase der Lausitzer Kultur. Illyrer sollen aus dem Südosten Europas eingewandert sein. Sie hatten in der alten Heimat Kontakte zur hochentwickelten Kunst der Mittelmeerländer und bereicherten nun die Kunst der Töpfer in der Lausitz, in Nordböhmen, Niederschlesien und Sachsen.

Die Geschichte vom Topf ist eine sehr alte Geschichte. Als ich in Seiferitz am Ufer des Meerchens saß, fiel sie mir ein.

Sie beginnt so :

Es war einmal ein Topf, der konnte süßen Brei
kochen, ohne daß man Milch, Grieß und Zucker
hineingeben mußte. Ein armes Mädchen hatte den
Topf von einer Fee erhalten und alle Not war damit
vorbei. Wollte das Mädchen oder seine Mutter süßen
Brei essen, so sagte das Kind bloß: »Töpfchen geh!«
und schon duftete es im ganzen Haus. Nun war die
Mutter einmal allein zu Hause und sagte zu dem
Topf: »Töpfchen geh!« Wie aber der Topf voll Brei war,
da wußte die Frau das Wort nicht mehr, mit dem ein
Ende zu machen war. Und so kochte der Topf seinen
Brei bis das ganze Haus voll davon war und dann floß
der Brei auf die Straße und bedeckte am Ende alle
Häuser im Tal. Da kam das Kind nach Hause und
sagte: »Töpfchen steh!« Wer aber in das Dorf hinein
wollte, der mußte sich durchessen.

(frei nach den Brüdern Grimm)

[1] Feuerungsraum im Töpferofen

[2] aus » Die Billendorfer Kultur westlich der Elbe« von Karin Peschel,
Jena 1988

[3] Schlesinger gibt keine Quelle an

[4] gefunden wurden zuerst bandkeramische Scherben, Mühl- und Werk-
steine und eine Tonbank, 1,70 m lang, 1 m breit und 35 cm hoch, aus
ortsfremdem Material; zwei Feuersteinschaber; eine Scherbe von der
Schulter eines Gefäßes, augenscheinlich einer Bombe, welche in Schul-
terhöhe feine Schnürösen (Tüllösen) trug. Ganze Länge dieser Öse 2½
cm, Breite 1 cm, Öffnung 8 mm; Farbe außen graubraun, innen gelb-
grau. Und eine kleine Scherbe vom größten Umbug eines Gefäßes,
ebenfalls einer Bombe. Zwei scharf eingeschnittene Linien bilden ein
Doppelband, welches durch parallele Strichpaare verziert ist. Die Farbe
ist auf beiden Seiten hellgrau.

[5] Quelle: D.-W. Buck »Die Billendorfer Gruppe« 2. Band 1977–79

WURZELN

Wer sucht und fragt wird Antwort finden. Aber am
Ende steht der Satz: Ich bin ein Mensch.

Glauchau liegt inmitten Europas – kein Wunder, daß
während der Völkerwanderung viele Menschen hier
her kamen, auf Ihrem Weg nach Norden, nach Osten,
nach Süden und Westen, oder zurück in die alte Heimat. Manche haben nur vorübergehend hier gewohnt,
andere sind geblieben – Germanen, Slawen, Deutsche.
    Meine Darstellung der Kelten soll helfen, die »allge-
meine Ahnenreihe« zu erweitern.[1]
    Livius (59 v. d. Z.–17 u. Z.) sagt vom keltischen König
Ambigatus – dem König der Bituriger – er habe wegen
Überbevölkerung zwei Scharen auswandern lassen.
Wenn man der Sage glauben darf, so müssen vor
Livius' Zeiten Kelten in den herzynischen Wald ge-
kommen sein (Hercynia silva für Erzgebirge, Böhmer-
wald und Sudeten).
    Herodot schreibt 500 v. u. Z. »jenseits der Säulen des
Herakles«, (den Felsen von Gibraltar d. A.), leben die
Kelten. Damals dachte man in Griechenland, daß im
Norden nur Illyrer, Thraker, Skyten und Kelten woh-
nen würden. Zwar schrieb Hekataios von Milet am
Ende des 6. Jahrh. v. d. Z. von Kelten in der Nähe von
Massilia (Marseille) und Ligurien. Aber andere ältere
Nachrichten fehlen.[2]
    In unserem Raum begegnen wir heute noch Zeug-
nissen von keltischer Kultur und Mythologie: Am
1. Mai, wenn wir Birkenzweige in eine Vase stellen
oder gar einen Maibaum aufstellen, wenn Eva dem
Adam einen Apfel reicht, oder wenn vom Stammbaum
die Rede ist; denn der heilige Baum, im Lebensraum

eines Stammes verwurzelt, war ein Bild für das Wohl-
ergehen der Menschen dieses Stammes, ein Zeichen
Ihrer Verbundenheit mit den Göttern des Himmels
und der Erde.

Neben Scherben, Gebrauchsgegenständen und Skelett-
funden sind sprachliche Überlieferungen Zeugnisse
von ehemaligen Siedlern:

Wörter der Umgangsprache, besonders aber Flurnamen wie labara[3] (labe = Elbe) für einen geschwätzigen
Fluß. Die Kelten benannten gern Berge und Flüsse.

Als Ursache für die Völkerwanderung gelten: Klima-
verschlechterungen, Mißernten, Überbevölkerung
oder Bedrohung von außen. Die keltischen Wande-
rungen sind teils »echte« Völkerwanderungen, teils
Expansionen (Brennus – Galatien).

[1] Ethnische Einheiten, Völker und Stämme verändern und entwickeln
sich ständig. Namen für Kulturen werden von Archäologen gewählt und
geprägt, um Kulturen und Zeiten unterscheiden zu können. Sie sind
darum nicht immer identisch mit einem Volksstamm.

[2] Quelle: Friedrich Schlette – Kelten – zwischen Alesia und Pergamon;

[3] in Glauchau sagt man »labern«; im Vogtland heißt es »lafern; in dem
Wort steckt llafar (kymr.) Reallex. Bd. 6 S. 298 (1926/Ebert)

Über Kelten und die Latène-Kultur

»Die Latènekultur entsteht während der ersten Hälfte
des 5. Jahrhunderts vor u. Z. im nordwestalpinen
Raum. Sie breitet sich rasch aus und findet sich vorwiegend dort, wo Kelten siedeln. Auch außerhalb des
keltischen Herrschaftsgebietes ist der Einfluß der
Latènekultur spürbar. Sie schafft trotz lokaler Abwei-
chungen eine äußerlich weitgehend vereinheitlichte
Kulturzone vom Atlantik bis zum Schwarzen Meer.
Hier ausgeprägte kulturelle Charakteristika erweisen
sich als Schöpfung der Kelten.«[1]

Der keltische Stil ist am weitesten in den Metall-
arbeiten ausgeprägt. (Tierdarstellungen und Gesichts-
masken, später Planzenmotive – die ursprünglichen
Muster werden im Laufe der Zeit bis zur Unkenntlich-
keit abgewandelt.) Während seiner größten Machtent-
faltung importiert der keltische Adel, zwischen Marne
und Moldau, griechisch-etruskische Keramik. Das
Stammland der Kelten war ein Gebiet westlich und
östlich des Rheins, von der Nordsee bis in die Alpen.
Sie eroberten im 6. und 5. Jahrhundert vor unserer
Zeit Frankreich, die Britischen Inseln und die Pyrenä-
en-Halbinsel.[2] Seit etwa 400 vor u. Z. wanderten sie
nach Osten bis zum Nordrand der Mittelgebirgs-
schwelle und in den westlichen Teil des Böhmischen
Beckens. Ihr Weg nach Südosten führte an der Donau
entlang. (277–212 Keltenreich von Tylos an der Tund-
scha) Manche zogen nach Nordosten, erreichten die
Elbe und das südliche Polen (Gebiet um Krakow).
281–280 vor u. Z. setzen sich die Kelten beiderseits
des Karpatenbogens fest. Im Töpferhandwerk wird die
Drehscheibe eingeführt; an die Stelle des Reibsteines

tritt die zweiteilige Getreidemühle. Hervorragend sind die Leistungen in der Bronzemetallurgie und im Eisenschmiedehandwerk. Kunsthandwerk der älteren Latènezeit: Korallentechnik und »Blutemaille« (roter Schmelz).

»Aus den schöpferischen Glanzleistungen der ältesten Phase der Latènekultur geht die Massenware der jüngeren Latènezeit hervor.«

Die Münzprägung ist ein »charakteristischer Fakt« der sich auflösenden Urgesellschaftsordnung. (Siedlungen der »oppida« sind politische und religiöse Zentren, Wohnsitz der Nobilität, Mittelpunkte der Rohstoff- und Warenerzeugung, mit Quartieren von Handwerkern und Händlern. Sonst wohnen die hauptsächlich ackerbautreibenden Kelten vorwiegend in getrennten Höfen und Weilern (strohgedeckte Holzhäuser).«[3]

[1] siehe »Runen«!

[2] außer Baskenland und Ostküste (Iberer)

[3] Geschichte in Daten S. 120–122 Dr. Otto u. Atlas z. Gesch. S. 11

EDDA

Zeit ist´s zu raunen
auf dem Rednerstuhl
an dem Urborn Urds.

Ich schaute und schwieg
ich schaute und sann.

Ich ging zum Wald
und zum grünen Baum
zu finden den Zauberzweig:
ich fand den Zauberzweig.

Der Seherin Gesicht

Wieder werden
die wundersamen
goldenen Tafeln
im Gras sich finden,
die vor Urtagen
ihr eigen waren.[1]

[1] Aus »Die Edda« – übertragen von Felix Genzmer

RUNEN

Schriften sind Hinweise auf sprachliche Entwick-
lungen und auf Wege, die Menschen gegangen sind.
Städte und Dörfer sind nicht nur Herberge; sie sind
auch ein Kulturraum und u. a. ein Sprachraum. Wir
wissen, daß wir unsere heutige Sprache vor allem
auch eingewanderten Indern zu verdanken haben.
Daß aus der Zeit slawischer Besiedelung manches
Wort oder Teile davon in unsere Sprache eingeflossen
sind, erscheint logisch, zumal die Slawen bis heute
unsere Nachbarn sind oder mit uns leben (die Sorben).

Die Entdeckung, daß es zwischen den Runen und
den alpinen Sprachen (auch dem Keltischen) einen
Zusammenhang gibt, könnte manches Wort erklären,
dessen Herleitung in unserem Sprachraum bis heute
geheimnisvoll erscheint.
 Ernst Eckardt fand wenig Sympathie für seine
Abhandlung (in seiner Chronik S. 13–22) über Flurnamen keltischen Ursprungs. Aber der Umstand, daß
er von allen, die sich in der Sache äußerten, der
universell gebildetste Mann war[1], ließ mich auf das
Keltische achten.
 Es fiel mir auf, daß beispielsweise deutsche Flurnamen immer Bezeichnungen späterer Zeit waren.
 Wer aber hatte die keltischen Namen überliefert,
wenn Kelten nie in dieses Gebiet gekommen sein
sollten?
 Ob sie hier waren oder nicht – es findet sich das
»Glied in der Kette« durch Sprache und Schrift.
 Lange Zeit galten Runen, wie die alpinen Sprachen,
als »tote Zweige« der Entwicklung der Alphabet-

schriften[2]. Die schriftkundliche Forschung unseres Jahrhunderts bringt neue Erkenntnisse. Nämlich: Die alpinen Schriften spielen bei der Entstehung der Runenschrift eine Schlüsselrolle. (Frühere Auffassungen sind aus chronologischen Gründen nicht stichhaltig.) Das Runenalphabet heißt Futhark –

Schrift wurde auf einem Bronzehelm gefunden (Negau/Steiermark).

Er gehört ins 2. Jahrhundert vor Christus. Die Sprache ist germanisch; die Schriftzeichen sind identisch mit denen des alpinen Alphabets.

Das alpine Alphabet gehört zum Etruskischen Schriftkulturkreis. Das Keltische spielt eine bedeutende Rolle (»lepontische Schriften zeigen eine keltischsprachige Basis; das Rätische war vermutlich eine Variante des Etruskischen mit stark keltischem Einfluß. ....«).

Der Norweger Marstrander und der Schwede Hammarström vermuteten schon 1928 und 1929, daß alpengermanische Stämme eine »alpine Version« bereits um 300 vor Christus kennengelernt hätten. Daraus habe sich das Runenalphabet entwickelt, das »gemeingermanisch« seit Beginn unserer Zeitrechnung verbreitet war.

Die Beziehung zum keltischen Kulturkreis zeigt sich auch in der Überlieferung, wonach Runen »geheimnisvoll« waren.

Rune (urgerm. rúnó, altnord. rún, altengl. run, althochdeutsch runa, mittelhochdeutsch rúne) bedeutet Geheimnis, Mysterium; run, altirisch, ist lautverwandt und hat eine ähnliche Bedeutung: geheimnisvolle Kunde.

Der Sinn des Schreibens, besonders in der älteren Zeit, war nicht die bloße Information, denn der Sinn vieler Runenschriften bleibt dunkel, obwohl man sie Wort für Wort übersetzen kann. Lesen bedeutete »entziffern, ausdeuten und vielschichtiges Interpretieren von Texten« – Rätsellösen.

Unsere Flurnamen geben uns manches Rätsel auf. Nachdenken über die Völkerwanderung, über Sprachen, Sitten und Bräuche der Völker läßt uns vielleicht einige lösen.

Ob Kelten oder Germanen hier siedelten? Vielleicht waren die einen wie die anderen da. Unsere Flurnamen belegen Beziehungen zu beiden.
Zur schriftlichen Überlieferung kommt die mündliche: Namen und Begriffe werden weitergesagt. Wörter überliefern sich aber auch dadurch, daß Leute miteinander lebten – in friedlicher Nachbarschaft vielleicht – oder, daß sie untereinander heirateten.

Wir »Kinder« wissen oft nicht, wie wir zu den seltsamen Wörtern kommen. Aber sie erinnern uns an Wurzeln. Und daran, daß jeder Mensch letztendlich eine »Perle« ist, am Ende einer sehr langen bunten Kette. Es kommt uns nicht zu, eine der Farben zu schmähen.

1 E. Eckardt war vertraut mit Griechisch, Latein und Hebräisch

2 Quelle: Haarmann »Universalgesch. der Schrift« – Frankfurt/M. 1990

Völkerwanderung:

seit dem Ende des 3. Jahrtausends vor Chr.
Schnurkeramik[1]

5.-2. Jh. v. u. Z
Wanderung der Kelten

3.-1. Jh. v. u. Z.
Germanen »geraten« in den Bereich der antiken Welt (Kimbern, Sueben, Teutonen) Bastarnen nach Südosten

bedeutend!

2.-3. Jh. u. Z.
Goten, Gepiden, Wandalen nach Südrußland und in die Karpaten –
Vorstöße von elb- und westgermanischen Stämmen über Rhein und
Donau (Markomannen, Alemannen, Franken)

260 u. Z.
Fall des »Limes«[2] (befestigter Grenzwall zwischen Rhein und Donau;
Kastelle und Wachtürme)

im 4. Jh. u. Z.
Die »grenznahen Germanen kamen in der Gefolgschaft von adeligen
Führern ins römische Reich (sie dienten als Söldner und erhielten
Land).

375 u. Z.
Die Hunnen fielen in Südrußland ein und vertrieben erst einzelne
Gruppen (dann: Westgoten unter Fritigern[3] überschreiten die Donau)

380 u. Z.
Ostgoten geraten unter Hunnische Herrschaft; Teile ihres Volkes
»wandern« ins Römische Reich.

Wanderbunde entstehen:[4]

406 u.Z.

Wandalen, Quaden, Alemannen; Sueben schließen sich an der Donau
zu einem Wanderbund zusammen; trennen sich aber in Spanien. (Auch
Burgunder schließen sich an, ziehen über den Rhein.)

410-413
Westgoten nach Südfrankreich und Spanien

429
Wandalen ziehen nach Afrika

433
Burgunder verlassen das Siedlungsgebiet am Mittelrhein und gehen
nach Burgund

454
Ostgoten kommen nach Ungarn

488
Ostgoten nach Italien

568
Langobarden ziehen nach Italien

Seit 350 u. Z. werden Franken in Gallien eingebürgert; im 5. Jahrh.
gründen Childerich und Chlodwig das »Frankenreich«.

Seit 200 gelangen sächsische und anglische Stämme nach Britannien

[1] Schnurkeramik – 3000 v. Z. – älteste Funde im Inneren d. Iberischen
Halbinsel;

[2] Limes – Römischer Grenzwall

[3] Frithiger – Westgotischer Heerführer

[4] Quelle: Brockhaus

SAMEN

Artio, die Göttin, sitzt zurückgelehnt, wie ein Mensch, dem die Gaben der Götter in den Schoß gefallen sind. In Ihrem Schoß liegen Äpfel. Eine Schale neben ihr ist noch voll davon. Quelle der Früchte?

Artio ist die Göttin der Fruchtbarkeit. Ein Mensch schuf die Gestalt; sie ist in Bronze gegossen. Sie und der Bär vor ihr. Der Bär, der auf seinen vier Beinen still dasteht und sie unverwandt anschaut. Auf seiner Zunge liegt eine Kugel.

Die Göttin sitzt rechts. Links, hinter dem Bären, steht der Baum; auch aus Bronze. Aber er scheint zu leben, trotz seines Mangels an Zweigen – eine Eiche, die Äste der Göttin zugeneigt. Die Pflanze, das Tier, die Frau – alle drei auf einer Ebene; der Bär trägt die Sonne auf seiner Zunge.

In Muri bei Bern fand man das Kunstwerk der Kelten. Wir stehen davor und begreifen auf einmal die Welt.

Zeugnisse wie dieses knüpfen wieder den Faden zu längst Vergangenem; öffnen meine Augen, daß ich hinaufschaue zum Blattwerk, daß ich die Gestalt der Bäume bewundere und ihren Stamm berühre.

Samen rollen, schwimmen, fliegen; Samen werden getragen. Der Same ist der Ruhezustand der Pflanze. Testa, die Schale, schützt den Embryo und das Nährgewebe im Innern.

Wenn ein Same auf fruchtbaren Boden fällt, dann treibt er Wurzeln ins Erdreich und ein Keimblatt. Das strebt zum Licht. Samen wollen keimen; aber sie warten auf ihre Zeit. Ist es zu kalt oder zu trocken, harren sie aus. Stillstand der Funktionen muß noch nicht den Tod bedeuten. Trockene, noch nicht gequollene Samen überdauern bis - 200 °. Moore (Mudden) und Seeablagerungen bewahren Blütenstaub und Sporen über Jahrtausende und Jahrmillionen.[1]

Schnee schützt, und Eis muß nicht tödlich sein. Arktische Pflanzen blühen im Winter; dennoch wachsen sie erst im Frühling weiter. Ein Same erträgt mehr Hitze und Kälte als die Mutterpflanze.

Was lebendig ist, wächst; es bewegt sich. Und Bewegung hinterläßt Spuren. Es gibt Spuren auf Wegen und Wege die Spuren sind. Am Kamm des Erzgebirges, im Quellgebiet der Großen Pyra (nahe unserem großen Kranichsee), lebt seit der Eiszeit die Zwergbirke, betula nana. Sie gehört zur Pflanzengesellschaft der Tundra.[2]

Vor 20 000 Jahren, in der jüngsten Kaltzeit, der Weichsel-/Würm-Kaltzeit, lag unser Gebiet zwischen den Gletscherfeldern. Der Ostseegletscher hatte sich den alpinen Eiswänden bis auf 600 km genähert. Eiswände, höher als ein Haus. Der Atem des Eises veränderte die Oberfläche unserer Landschaft wesentlich: Die Samen der Waldbäume konnten nicht mehr ausreifen, als die Temperaturen nur noch selten 10 Grad Celsius erreichten. Später, als die Gletscher aufhörten zu wachsen, beträgt die mittlere Jahres-

temperatur -2 bis -3 °. Dauerfrost. Eis und Schnee.
Ewiger Winter?

Nein, nicht ewig! Drei Monate im Jahr, während des
Sommers, beginnt die Eisfläche zu tauen. Die Oberfläche taut. In der Tiefe bleibt der Boden gefroren.
Doch die Erde will grünen. Aber die Bäume sind fort-
gezogen, ausgewandert. Schon bei geringer Hang-
neigung gerät der schlammige, breiige Boden in
Bewegung. Nichts hält ihn fest. Er gleitet ab, rutscht
ins Tal hinunter. Bodenfluktion, Solifluktion.[3]

Wenn der Boden fließt, werden Höhenunterschiede
schnell ausgeglichen. Die Talböden werden mit Schutt
überladen. Die Flüsse ersticken im Schutt; ihr Bett
erhöht sich, es wird breiter. In den Warmzeiten (Inter-
stadial) flossen riesige Wassermassen zu Tal. Die
Flüsse gruben in die Tiefe, »schnitten sich ein«, suchten nach ihrem alten Bett und fanden neue Wege zu
rinnen. (Die Terrassen an der Mulde sind Reste
ehemaliger Aufschotterung, Zeugen alter Flußbetten –
Eiszeitzeugen.)

Für die Oberflächengestalt von Glauchau und Umgebung sind die Vorgänge bis zum Ende der Weichsel-
kaltzeit und danach von größerer Bedeutung als
bisher angenommen worden war.

Durch den abfließenden Boden wurden beispielsweise tertiäre Kiese oberhalb der Lungwitzer Lehne
freigelegt und teilweise mit ins Tal getragen.

Die Landschaft von Glauchau ist alt; die natür-
lichen großen Seen sind verschwunden. Außer
Thymian und Heidekraut erinnert nichts an die Tun-
dra, wenig an die Zeit der Moore. Aber Eiskeile und
Frostspalten bezeugen die Ausdehnung ehemaligen
Dauerfrostbodens. – Bei starker Unterkühlung des

Bodens schwandt sein Volumen. Die Erde riß auf; schmale mehrere Meter tiefe Spalten entstanden, oft ganze Spaltennetze. Während der sommerlichen Auftauzeit geriet Wasser in die Spalten, der Winter machte Eis daraus. Manche Spalten in der Erde haben noch immer die Form der Eiskeile. –

Wasser, munteres Quellen aus geheimnisvoller Tiefe – wenn die Regentrude nicht schläft. Zwischen dem Rothenbach (Ruhlandsgraben) und der Lungwitzer Lehne erstreckt sich ein Rückenberg, eine Hauptendmoräne, eine Wasserscheide. Der Lungwitzbach erhält aus vielen Quellen dieser Höhe sein Wasser.

Die Grabennetze der Rümpfe zwischen Lungwitzbach und Mülsenbach sind im Dauerfrost entstanden. Heute findet man auch Löß und Lehm darin.

Die breiten wannenförmigen Gründe von Glauchau waren Wege des Wassers und des großflächig abfließenden Bodens. Der Wind hat die Wege ausgeblasen und ausgefegt und auch die Kanten der Pflastersteine geschliffen.

Vor 10 000 Jahren endete die jüngste Kaltzeit. Birken und Kiefern wuchsen zuerst wieder, dann der Haselstrauch – und die Eiche...

Übrigens: In den Pyrenäen, in Arles-sur-Tech feiert das Volk seit Urzeiten an jedem 2. Februar die Hochzeit des »Bären«, eines verkleideten Dorfburschen, mit der »Rosetta«, einer Frauenfigur.[4]

Anmerkungen: Gletscher, Dauerfrostböden, Meereis und Eisberge bedecken gegenwärtig ein Viertel der Erde. Wir leben noch immer in der Eiszeit, in einer Warmphase des quartiären Eiszeitalters. Die Lungwitzer Lehne ist vermutlich der Rest einer Stauchendmoräne. Der Gletscher kam zur Saale-Kaltzeit aus Nordosten. Der Bergrücken lag in Stoßrichtung des Gletschers. Die Hügel über dem parallel verlaufenden Granulitgebirge zeigen die gleiche Verformung. Nicht auszuschließen ist aber, daß die Gletscher einer älteren Eiszeit beide Bergrücken formten, bevor die Muldenaue und das Lungwitztal Teile eines Urstromtales wurden.

[1] Quellen: Klima und Boden von Henrik Lundegardh; Arealkunde von Walter/Straka

[2] Beratung durch Frau Dr. Kosmale, Zwickau

[3] Solifluktion: Wenn keinerlei Vegetation den Vorgang behindert (Dr. J. Marcinek: Die Erde im Eiszeitalter)

[4] Sylvia und Paul F. Botheroyd: Lexikon der Keltischen Mythologie

GALECIA –
ODER DER WEG DES PTOLEMÄUS
VON ALEXANDRIEN ZUR
BERNSTEINKÜSTE

Glauchau

Nach Erasmus Stella (Mencen scriptores rer. German. inpr. Saxonic. Tom III) soll nachdem Cygneus – Sohn des Herkules – die Schwanenstadt (Cygnea) Zwickau gegründet, dessen Sohn Glaucon die Stadt Glauchau gegründet haben. (E. Eckardt Chronik S. 13)

Prof. Berlet vermerkt in der Chronik auf Seite 11: »Daß unter Kalaigia auf der ältesten Karte Germaniens der des Ptolemäus aus der ersten Hälfte des 2. Jahrh. n. Chr., das spätere Glauchau zu verstehen sei, ist eine völlig unbegründete Annahme (Arch. f. d. Sächs. Gesch. I, S. 54 1863).

G. Hey schreibt unter dem Titel »Die slavischen Siedlungen im Königreich Sachsen« 1893, S. 77 : Die frühere Erklärung (Gl. = tauber Ort, Boden ohne Erze) ist unzutreffend. – denselben Ortsnamen finden wir in Glaucha bei Lommatzsch, Glauch im Reg.-Bez. Königsberg, Glucha, Reg.-Bez. Danzig, Glauchau, Reg.-Bez. Marienwerder, Gluchovo bei Posen, Gluchow in der Ukraine, 5 Ortsnamen ähnlichen Stammes in Galizien.

Ernst Eckardt's Forschungen führen zu dem Schluß, daß schon vor etwa 3000 Jahren Celten in dieser Gegend lebten; er nennt als Urform Gluch oder Gluck, beides soll noch im Mittelalter auf Urkunden vorkommen; die Bedeutung ist Sumpf.

Karlheinz Hengst weist in Ortsnamen der Kreise Glauchau, Hohenstein-Ernstthal und Stollberg darauf hin, daß eine Herleitung aus dem Deutschen sprachlich nicht möglich ist.

Wenn wir bedenken, daß es schon vor 2 Millionen Jahren Menschen gab, so erscheinen uns die von E. Eckardt angegebenen 3000 Jahre keineswegs als zu phantastisch – im Gegenteil. (Siehe auch Louis-René Nougier »Die Welt der Höhlenmenschen«)

Ganz gleich, wer unserer Stadt einst den Namen gab, die älteste Karte Germaniens, von der Prof. Berlet sprach, ist jedenfalls interessant. Bedenkt man, daß zu der Zeit neben zwei offiziellen Bernsteinstraßen eine dritte Straße von Süden nach Norden führte, über Tabor und Prag vielleicht entlang der Mulde verlief, so macht uns der von Ptolemäus aufgezeichnete Ort zumindest neugierig.

Bemerkungen zur Karte: Die älteste Karte Germaniens nach Angaben von Ptolemäus (2. Jahrh. u. Z.) zeigt einen Ort Galecia rechts der mittleren Elbe. Zuerst glaubte ich wie Berlet, daß dieser Ort mit unserem nichts zu tun hat; bis ich erkannte, daß Ptolemäus den Lauf von Mulde und Elbe als einen Fluß dargestellt hat, aber als Elbe bezeichnet. Er hat offensichtlich die obere Elbe nicht gekannt, weil er vielleicht auf der o. a. Straße zur Ostsee reiste.

Es wäre daher möglich, daß der Ort Galecia mit Glauchau identisch ist.

Verfolgen wir die Spur: G. Hey spricht von Ortsnamen in Galizien. (Galizien wird um 1900 im Brockhaus als Gebiet nördlich der Karpaten angegeben – der Galizier – Einwanderer.)

Eine spanische Landschaft im Nordwesten der Pyrenäenhalbinsel trägt den gleichen Namen. Es schließt sich der Kreis.

In der La-Tène-Zeit reichte das Ausbreitungsgebiet und der kulturelle Einfluß der Kelten vom Nordwesten Europas bis zum Schwarzen Meer. (Siehe »Die Kelten«)
Der Name scheint durch Europa gewandert zu sein. Ich finde ihn wieder bei **Agricola**: Bermannus (S. 92 in Ausgewählte Werke 1955). Da wird erörtert, ob das deutsche Wort Glanz mit galena (Bleiglanz) zu verbinden sei, und ob dieses nach der spanischen Stadt Galecia benannt wäre.

Ein interessantes Gespräch, nicht nur über Erde, Steine und Erz. Wäre es möglich, daß Agricola beim Schreiben der Disput über den Namen seiner Heimat im Hinterkopf steckte?
Auszuschließen ist nicht, daß die Umwandlung des Namens Galecia (in Gluch) erfolgte, nach der Wanderung aus der spanischen Provinz bis in die südpolnisch-russische, letzte östliche Zuflucht der Kelten vor ihrem Rückzug.

Ganz gleich, ob Galecia sich einst als Ursprung unserer heutigen Stadt erweisen wird, oder ob wir uns den Punkt in der ersten Karte Gemaniens denken müssen

– der Gedanke der Zuordnung zu dem großen Siedlungsgebiet scheint es wert zu sein, die Karte in die
Chronik von Glauchau einzufügen; die Geschichte der
Stadt gewissermaßen mit der Entwicklungsgeschichte
von Landkarten zu verbinden.[1]

GERMANIA

Karte von Waldzemüller

Waldzemüller, Servet, Mercator, Castaldi, Ruscelli
zeichneten nach Angaben von Claudius Ptolemäus
aus Alexandria (2. Jh. u. Z.). Ptolemäus war Astronom
und Geograph. Seine Weltkarten zeigen die Lage von
Orten durch Einteilen in Längen und Breitengrade.
Sein Weltbild (Ptolemäisches Weltbild) sieht die Erde
im Mittelpunkt.

Die abgebildete Karte (am Buchanfang) stammt aus
dem 16. Jahrhundert, herausgegeben von Waldzemüller (Signatur der Sächsischen Landesbibliothek:
Deutschland 1513, RKZ-D-13). Die Karte zeigt das
umstrittene Galecia rechts der Elbe (siehe auch
Glauchau im Mittelalter von Prof. Dr. Berlet;
Glauchau 1931!).

[1] siehe Atlas zur Geschichte S. 15 – 2. Jahrh. u. Z.

II

DIE WEISSE FRAU

**Die schloßweiße Frau erscheint in Wäldern und
auf Wiesen, bisweilen kommt sie in Pferdeställe
mit brennenden Wachskerzen, kämmt und putzt
die Pferde, und Wachstropfen fallen auf die
Mähnen der Pferde. Sie soll, wann sie ausgehet,
hell sehen, in ihrer Wohnung aber blind sein.**

Quelle: Deutsche Sagen der Brüder Grimm

Der Mensch ist sich seiner Wurzeln nicht bewußt,
aber sie dienen ihm.

UNTERWEGS

Zeitenwende

Der Mensch hat sein Kreuz auf den Berg getragen.
Nun sind ihm die Füße gebunden.
Sein Leib ist an den Baum gefesselt.
Dem Baum fehlen die Wurzeln.

Sein Stamm ist nackt und kantig.
Wo die Krone war, blieb ein Balken.
Daran hängt der Mensch. Er trägt
die Krone; er blutet.

Hier her führten mich die Götter

Über dem linken Ufer des Lungwitzbaches, nicht weit
von seiner Mündung, führt ein Gang in den Scherberg
hinein. Er ist der Anfang eines Labyrinths.

Labyrinthe gibt es viele in der Welt. Berühmt ist die
Geschichte einer Frau, die den Kindern Athens half,
den Weg ins Freie zu finden, damit sie nicht Opfer
eines gefräßigen Ungeheuers würden. Nach einer
Darstellung auf einer Kretischen Tontafel aus dem
2. Viertel des 7. Jahrhunderts vor unserer Zeit:

Ariadne übergibt Theseus eine Spindel. Im Labyrinth
des Minotaurus hängt das Schicksal der Kinder an
einem Faden. Ariadne ist berühmt geworden, weil ihr
Faden lang genug gewesen war. Ariadne war die
Tochter König Minos', der Labyrinthe bauen ließ und
später Totenrichter der Unterwelt wurde (kretische
Sage).

Das Labyrinth von Glauchau heißt »die Räuberhöhle«. Kluge Knaben räuberten darin, nicht ohne den
berühmten Faden mitzunehmen. Die schönste Sage
Glauchaus erzählt davon; und mancher Mann von
Reinholdshain, Lungwitz und Glauchau weiß seine
Geschichte vom Ariadnefaden zu erzählen. Wer sich
ohne Faden hineinwagte, kam bald wieder heraus.
Oder gar nicht. Einer kam bis zu einem Wasserloch,
ein anderer entdeckte eine Fallgrube, wieder andere
erzählten mir von einem tiefen Brunnen. (In der Mitte
einer Teilstrecke gibt es eine Rinne.) Die Gänge ver-
zweigen sich von einem größeren Raum[*] aus
(4 m x 1,50 m). Drei Umstände sind merkwürdig: die
Strecken verlaufen in Bögen, bilden dreimal einen
Kreis, an den Gangenden sind von oben Lehm, Schutt
und Erde eingeschwemmt worden, und im nördlichen
Teil der Strecke sind an den Wänden (in 1,20 m Höhe)
zahlreiche Vertiefungen, die einander gegenüber-
liegen; ihre Tiefe ist 10 bis 17 cm; die Größe der
Wandöffnungen 20 x 20 bis 25 x 25 cm.
(Dr. Börtitz: »Sächsische Heimatblätter« 1968)

Das Labyrinth befindet sich im Bereich des Rotliegen-
den. Die Lehmschicht darüber ist etwa einen Meter
dick. Die höchste Teilstrecke liegt 3 m über der tief-
sten. Über der Kreuzung[*] liegt 4,10 m »Hangendes«.

Wann das Labyrinth entstand und wer es baute, ist bisher nicht bekannt. Ob es das Spiegelbild einer Siedlung ist, die oben gelegen war – ein schneller Fluchtweg vor Feinden vielleicht – das läßt sich bloß vermuten. Die Gangenden hatten sicher eine Bedeutung gehabt, entweder mußte etwas hinunter oder hinauf.

In der Schweiz, im Wallis, stieß ich auf eine Schrift über den »Seelenklotz«; einem Balkenstück in der Außenwand, hinter der das Sterbezimmer des Hauses liegt. Der Klotz wird entfernt, wenn ein Mensch gestorben ist, damit seine Seele »hinaus« kann. Es soll sich um Brauchtum der Germanen handeln, der Autor A. L. Schnidrig verweist auf Parallelen im Kulturkreis Thüringens. Wir heutigen dunkeln das Sterbezimmer ab, ziehen »hernach« die Vorhänge auf und öffnen ein Fenster.

Der Gedanke, daß es sich bei dem Labyrinth im Scherberg um eine uralte Begräbnisstätte handelt, kam mir auch beim Studium der Anfänge der Architektur (M. Major) und der Bestattungsarten der Kelten (Schlette). Zur Heuneburg am Steilufer der Donau gehören eine kleine keltische Siedlung und Grabhügel, 500–2000 m entfernt von der Burg. Der größte Grabhügel, im Volksmund »Hohmichele« genannt, war, als er ausgegraben wurde, ausgeraubt; nur Bernstein- und Glasperlenketten und Reste eines Wagens konnten geborgen werden. Skelette fand man nicht mehr. Bei den Kelten gilt Rot als Farbe der Anderswelt. Rot bedeutet Blut, Leben, Feuer, Sonnenuntergang, Rot bedeutet auch Macht – Macht über Tod und Leben – Leben über den Tod hinaus. Aed, irisch

Feuer, Aed ist der Sonnengott, der Gott der Anderswelt und Stammvater der Menschen. Seine Gemahlin ist Bé Find, »die weiße Dame«. Sid ist der Hügel, der Grabhügel, der Sitz der Götter der »Anderswelt«; Aes side, »das Hügelvolk« feiert mit seinen Fürsten unterirdische Feste. Ihre Paläste »funkeln von Gold und Edelsteinen und sind noch prächtiger als die Paläste der Könige.« Bernstein, Glas, Eisen und das Holz der Eberesche sind nach keltischem Glauben der Schutz der Menschen in dieser und der anderen Welt. Die Toten wurden auf dem Rücken liegend oder stehend begraben, oder die Asche in Urnen im »sid« aufbewahrt. »Der Stammvater, der erste Tote des Stammes, lud zu Gedenkfeiern und Jahreszeitfesten ein.« (L. d. kelt. Mythologie v. Brotheroyd) Sollte das Labyrinth im Scherberg eine Grabstätte gewesen sein, so wären die Nischen im Nordteil erklärt. Die schwarzgold gesprenkelte Henne aus der Sage von der Räuberhöhle ist vielleicht ein Hinweis darauf.

Am anderen Ufer des Lungwitzbaches, am Berg, liegt Reinholdshain (›Siedlung eines Reinhold im Walde‹ Fm. I 1238). Rein- leitet sich von Ragin- oder Reginher. Im Gotischen stand Ragin für ›Rat‹; und Regin (altnordisch) meint den Ratschluß des Schicksals. –hold (–old) bedeutet Wald, und Hain steht für stillen, geschützten Ort. War das Labyrinth vielleicht der stille Ort im Wald, nach dem Willen der Götter?

Blauweiß schimmert die Aue

Die Lungwitz heißt jetzt Lungwitzbach, heutzutage ist
sie ein Bach, aber manchmal ... Im Frühling, wenn es
ganz plötzlich warm wird und überall auf dem Berg
der Schnee schmilzt, da steht die ganze Aue unter
Wasser. Einmal, ich erinnere mich an einen Bericht in
der Zeitung, da hatte eine Frau den Kinderwagen auf
die Wiese hinter das Haus gestellt. Als sie nach dem
Baby sehen wollte, schwamm der Wagen schon auf
dem Fluß, und der war angeschwollen, als wäre er
niemals ein harmloser Bach gewesen, sondern wollte
größer und größer werden wie ein Strom. Zum Glück
hatte die Katze auch im Wagen schlafen wollen. Sie
sprang nun auf dem schwankenden Fahrzeug hin und
her und hielt so das Gleichgewicht. Und zum Glück
trieb unser »Schifflein« bald ans Ufer. Dort, an einem
Weidenstrauch, landete es. Das Dorf Niederlungwitz,
nahe der Mündung des Flüßchens in die Mulde,
streckt sich lang hin, von St. Egidien bis zum Audörfel. Das Audörfel ist das kleinste Dorf »in der Lunk-
wiz«. Es war schon immer ein kleines Dorf. Und weil
es in der Aue liegt, heißt es Audörfel. Gegenüber, am
anderen Ufer der Mulde, liegt Jerisau und gleich daneben, zwischen Jerisau und Schönbörnchen, Gesau.
Die Namen der Orte haben sich im Laufe der Zeiten
verändert, wie der der Stadt Glauchau auch. Allen
gemeinsam ist der Hinweis auf ihre Lage nahe am
Wasser oder in der Flußaue. »Deutschland war lange
Zeit ein Wald gewesen.« (Herder) – Wer zu der Zeit
hierher kam, dem weitete sich der Himmel nur über
Seen, über dem Fluß und der Aue, blau und weiß.
Sonst führten die Steige, schmale Wege, Pfade durch
den Wald. Als die Römer mit ihrem Heerführer

Ahenobarbus von Regensburg über das Fichtelgebirge
nach Halle und Magdeburg zogen (3 v. u. Z.–1 u. Z.),
gab es schon eine Handelsstraße von der Poebene
über die Donau bis zur Ostsee (G. Buzzi, Die Etrus-
ker). Keltische Salzhändler müssen sie benutzt haben
(Döbler, Die Germanen). (»Hal« ist die keltische
Bezeichnung für Salz.)

»Von Vindelicien kommend überschritt Ahenobarbus als einziger römischer Statthalter die Elbe, errichtete auf dem östlichen Ufer zu Ehren des Augustus
einen Altar und schloß mit den Germanischen Stämmen Verträge ab, was um 2 v. u. Z. sicher aber mit
Hermundurischer Hilfe und Duldung geschah.« (Dio
Cassius 55, 10 a; Tac. Ann. 4, 44)

Prof. Dr. Curt Woyte übersetzte die »Germania« des
Tacitus und ergänzt im Anhang: »Die von Tacitus
beschriebene Siedlungsform ist die sog. Streusiedlung,
wie wir sie heute noch, besonders im Gebirge ... haben.
Seine (Tacitus') Angaben werden durch die zahlrei-
chen Ortsnamen bestätigt, die auf eine Quelle oder
Wasser überhaupt, auf Feld, Hain und Wald hindeu-
ten, wie z. B. die Namen auf a, ach, au, born, ... hain
u. a.«

Aue für »wasserumflossenes land, feuchter grund,
wiese, insel wird ahd. zu ouwa, mhd. zu ouwe ... ouwa
hängt zusammen mit aha Flusz; gotisch ahva; lat.
aqua« für Wasser. **Glauchau** – das Bestimmungswort
Glauch wird adjektivisch gebraucht und steht für das
mittelhochdeutsche Wort **gluch**. Es kommt von
glänzen, schimmern. Im Germanischen steht glauua-
und gluuua-. (gluch oder geluch gibt es noch in Kärn-
ten, Mittelbayern, Preußen, in Basel als Substantiv

und in der Pfalz.) Glauch- oder gluch bedeutet:
glänzend, hell, bläulich schimmernd, weiszblau.

> von gehilwe unde heitere wirt der regenboge,
> vone der sunnen wirmen jouh dere wolchene fluhte,
> also des flures glanst durch daz wazzer liuhte.
> daz dritte dar unter is des himiles varwe gluche:
> ih waene in diu erde an ietwederem orte zuo sich
> luche
> vom himmelreich in.

kl. geistl. ged. d. 12. jh. 22 *Leitzmann*

Bei Agricola, in »De re metallica«, lesen wir: »Die
Polen waschen in einem 10 Fuß langen, 3 breiten und
1 ¼ tiefen Gerinne unreines Bleierz aus schwebenden
Gängen, es ist nämlich mit einer fast rotgelben Erde
(gluch) vermischt, die feuchter sandiger Ton (schwilen)
bedeckt. Im Griechischen, wo das Wort auch vor-
kommt, wird es für grüngelb oder hellgrün gebraucht
(wb. Grimm). Die Bedeutung des Wortes ist also vor
allem »glänzen« (ähnliche Bedeutung bei glau).

> ihr nymphen in dem meer
> ihr glauches wasservolk

W. Scherffer ged. (1652)

Die Wurzeln des Wortes Glau oder gluch sind uralt;
die sorbischen Formen (K.-H. Hengst, Ortsnamen)
unterstreichen den Grundgedanken meiner Arbeit:
Die Sprache der Menschen ist das lebendige Spiegelbild der Besiedlungsgeschichte. Für unsere Stadt ist
noch die altsorbische Bedeutung »Sumpf« interessant.
Sie gehört zu »lug«.

Webkeller

Je mehr ein Faden gedreht wird, desto fester wird er.
Und wenn die Kette fester ist als der »Schuß«, dann
wird das Gewebe wie ein Tuch.

Tacitus, der Römer (55–122 u. Z.), berichtet uns in
seinem Buch »Germania«: »...Wie hinlänglich
bekannt, wohnen die Stämme der Germanen nicht in
Städten und mögen nicht einmal geschlossene
Siedlungen. Sie hausen vielmehr einzeln und
gesondert, je nachdem ihnen ein Quell, ein Feld oder
ein Hain zusagt.

Ihre Dörfer legen sie nicht, wie wir, so an, daß die
Häuser Wand an Wand stehen und eine Straße
bilden. Jeder läßt vielmehr um seinen Hof einen
freien Raum; ...ohne Rücksicht auf ein gefälliges und
schönes Aussehen verwenden sie zu allem
unbehauenes Holz. Doch bestreichen sie ihre Häuser
an gewissen Stellen ziemlich sorgfältig mit einer
blendendweißen Erdart, daß es wie Bemalung und
Verzierung mit farbigen Ornamenten aussieht. Auch
ist es in Germanien üblich, unterirdische Höhlen
auszuheben und eine dicke Schicht Mist darauf zu
legen. Das ist eine Zufluchtsstätte für den Winter und
ein Aufbewahrungsort für die Feldfrüchte, und wenn
der Feind einmal einbricht, plündert er nur, was offen
daliegt; was aber versteckt oder vergraben ist, davon
weiß er entweder nichts, oder es entgeht ihm gerade
deshalb, weil er erst danach suchen muß.«

Professor Woyte, der Übersetzer, ergänzt: »...Die
unterirdischen Höhlen hießen nach der Decke aus

Mist oft einfach Dunk oder Tunk. Sie dienten... als Arbeitsräume für die Frauen zum Weben. Für diese Tätigkeit waren sie gut geeignet, weil die feuchte Luft die Fäden nicht trocken werden ließ...«

Gab es in Glauchau Webkeller?

Manche Häuser der Mittelstadt von Glauchau stehen auf Hohlräumen, die in zwei, drei oder sogar vier verschiedenen Ebenen liegen. Die Keller sind untereinander durch Gänge verbunden. Die Gänge führen zum Nachbarhaus oder noch weiter; die ältesten liegen kaum einen halben Meter unter der Erde. Das Alter der Gänge ist bis heute nicht bekannt. So bleibt der Phantasie ein großer Spielraum.

Das Rotliegende war für den Bau unterirdischer Räume ein idealer Baustoff, der »weiche« Fels ließ sich relativ leicht abbauen und war ohne Aussteifung haltbar. Es ist nicht so abwegig, daß die Nischen (1 x 1,20 m) unter dem Schloß, gleichmäßig und einander gegenüberliegend angeordnet, als Pferdeställe genutzt wurden, wenn man eine sehr frühe Entstehung annimmt. (Die Pferde der Kelten und der Germanen waren sehr viel kleiner als unsere heutigen Pferde.) Der Brunnen am Ende der Anlage deutet verschiedene Möglichkeiten der Nutzung an. (Man konnte auch Gefangene unterirdisch versorgen, sie dort arbeiten lassen, ohne daß sie oben störten.)

Es könnte aber auch sein, daß die Schloßkeller eine Begräbnisstätte waren, und der Brunnen war der Kultplatz – lange bevor die Schönburger ihre Burg bauten.

Anders, ganz anders, sind die Keller und die Gänge unter der Altstadt und der Langen Vorstadt, der Hoffnung, der Theaterstraße. Es gibt Ausgänge (oder

Eingänge?) zu den Gründen hin oder an den alten Flußterrassen am Röhrensteig.

Die Gänge haben verschiedene Formen, in den meisten Fällen Rundbogen; Strecken mit Spitzbogen gibt es z. B. unter dem Schloß Hinterglauchau und in der Brüderstraße 17 (»gotische« Form). (Dr. Börtitz: »Sächsische Heimatblätter« 1968)

Ich fand unter dem »Witwenpalais« (Am Plan / Schloßplatz) feingeschlämmten Ton und Gruben, die Maukgruben gewesen sein könnten. Der sich zersetzende Tonschiefer war sicherlich während der letzten Jahrhunderte für die Töpfer der Stadt ein vorzügliches Material; und die gleichbleibenden Temperaturen, es wurden +8° gemessen, garantierten eine nutzbringende Winterarbeit.

Bis zur Erfindung des Kühlschrankes wurden die Keller als Vorratsräume, Bier- und Weinkeller genutzt.

Die »Taboriten«, Anhänger des Jan Hus, waren mit »Mann und Maus« in die Katakomben von Tabor gezogen und hatten ihr Leben und ihr Hab und Gut dort verteidigt. (Man kann diese »Wohnstätten« in Tabor heute noch besichtigen.)

Der Vergleich mit den Gangsystemen anderer Städte an Flußterrassen könnte des Rätsels Lösung bringen.

Wulfila

Für Denken und Empfinden gibt es den Begriff Glauben. Die Geschichte der Bibel ist die Geschichte von Menschen, von ihrem Denken und Fühlen. »ta biblia«, griech. die Bücher. Das griechische »Alte Testament« wurde aus hebräischen Texten von 70 Redakteuren in Alexandria zusammengestellt (daher auch der Name Septuaginta). Später übersetzte man »ta biblia« ins Lateinische (200 nach Christus als »Itala«). Im Jahre 405 erschien die »Schrift für alle« (Vulgata). Die Bücher des »Neuen Testament« ließen das Buch wachsen. Es war zugleich Grundlage und Ausdruck neuen Denkens.

Die Christen litten im römischen Reich, im Jahr 303 unserer Zeit, wieder unter Verfolgung. Erst 311 erlassen Galerius und Licinius ein Toleranzedikt für die Christen. 391 verbietet Theodosius alle heidnischen Kulte (außer der jüdischen Lehre.)

Ein neuer Mensch ist eine neue Hoffnung.

Im Jahre 311 wird Wulfila geboren (griech. Ulfilas). Sein Vater, ein Gote mit römischer Bildung, war Anhänger des Arianus´, der Christus als Vorbild sah. Seine Mutter stammte aus Kleinasien. Die Goten hatten sie als Kriegsbeute verschleppt.

Im Jahr 335 reiste Wulfila mit einer Gesandschaft nach Konstantinopel. Er wurde Lektor der gotischen Christengemeinde, und 341 erhielt er die Weihe als Missionsbischof vom Patriarchen von Konstantinopel. Sieben Jahre lang war er nördlich der Donau unterwegs, um die christliche Lehre zu verbreiten.

Athanarisch, Gotenkönig und Feind der Römer, verfolgte ihn. Wulfila mußte sich auf römisches Reichsgebiet zurückziehen.

Auf der Synode zu Konstantinopel, im Jahr 360, unterschrieb Wulfila das arianische Bekenntnis. Für seine Missionsarbeit schuf er aus Runen, griechischen und lateinischen Buchstaben ein gotisches Alphabet. Dann übersetzte er das »Neue Testament« aus dem Griechischen ins Gotische. Durch seine Bibel entwickelte sich die gotische Schriftsprache, die auf Gerichtsurkunden der italienischen Goten noch Jahrhunderte benutzt wurde (Handschriften von Ravenna, Neapel und Arezzo).

Wulfila starb im Jahre 381, als während des zweiten Konzils in Konstantinopel der arianische Glaube als ketzerisch verdammt worden war.

Viele Handschriften seiner Übersetzungen sind erhalten, die berühmteste ist der Codex Argenteus, wegen des silbernen Einbandes; geschrieben mit goldenen und silbernen Buchstaben auf purpur-gefärbtem Pergament. Aufbewahrt wird die Goten-bibel in Uppsala in Schweden.

Mit den Römern kam das Christentum zu uns.

Im 3. bis 5. Jahrhundert übernahmen die Germanen die Siebentagewoche. Sie übersetzten die nach »Planetengöttern« benannten Wochentage in ihre Sprache oder verbanden sie mit den Namen der alten Götter. So wurde aus:

- dies Solis – sunnu (n) –dagr; sunnundag (Sonntag)

- dies Lunae – manadagr, mon (an) doeg, monendei
  (Montag)
- dies Jovis für Tag des Jupiter wurde zum Tag des
  Gottes Donar, unser Donnerstag;
- dies Veneris (Venus) wurde Fria (Freia) – der
  Freitag.

Gotisch war keine Vorstufe des Deutschen, aber es
beeinflußte die deutschen Stämme durch zeitweilige
Nachbarschaft. Und es vermittelte auch griechische
Einflüsse.

Wulfila entlehnte u. a. aggilus (Engel) und
diabaulos (Teufel).

Quellen: J. Schmidt, Abriß der Gesch. d. deutschen Sprache;
Weltgeschichte in Daten vom Akademieverlag
Atlas zur Geschichte, Haack Gotha
H. Döbler, Die Germanen
Literaturgesch. in Bildern, Bibliograph. Institut Leipzig
Weltliteratur von Axel Eggebrecht (1948)

Der Kreuzbaum

Den Wenden wird ein ausgeprägter Sinn für Symbolisches, für das Dunkle, das Unklare nachgesagt; eine Neigung zum Aberglauben, zum Überirdischen. Die Voreltern der Wenden kamen aus dem Osten, brachten diese Anlagen mit; alte Geschichten der Wenden sind Erinnerung an das Morgenland. In ihrem Glauben an Vorbedeutungen steckt die Achtung vor den Eltern, vor vergangenem Leben.

»De Unnererdschen«, Zwerge mit großen Dickköpfen, waren bei den Wenden verrufen. Es hieß: diese würden den Neugeborenen nachstellen, sie rauben und dafür Wechselbälge, dickköpfige Kinder, in die Wiege legen. Darum ließ man bis zur Taufe Tag und Nacht das Licht bei der Wiege brennen und bewachte den Säugling sorgfältig. Konnte das Kind nicht schlafen, legte man ihm Eulenfedern in die Wiege. Damit es später nicht auf abenteuerliche Reisen ging, sondern hübsch zu Hause blieb, behielten die »Gevattern«, die Taufpaten, beim Kindtaufschmause den Hut auf.

Vor der Hochzeit, von der Verlobung bis zur Trauung, mußten die Verlobten und ihre Angehörigen stets durch die **große** Tür ein- und ausgehen, sonst würde die Verbindung wieder gelöst. Damit kein Fremder zwischen das Brautpaar treten könnte, stellten sich Braut und Bräutigam bei der Trauung so dicht nebeneinander, daß niemand zwischen ihnen hat durchschauen können. Bei der Ankunft des Wagens vor dem Haus mußte der Bräutigam abspringen, die nachspringende Frau fangen und ins Haus tragen, bis zur Feuerstelle, dem Herd, so daß sie mit keinem Fuß die

Erde berührte. Wenn Braut und Bräutigam Körner von Weizen, Roggen, Hafer, Leinsamen in die Schuhe legten und damit zur Trauung gingen, verhieß dies eine gesicherte Ernte, Reichtum und Segen. Es war auch üblich, der Braut Flachs in den Myrtenkranz zu binden.

Für den Hausbau galten uralte Bräuche: Gab der erste Hieb der Axt beim Behauen Feuer, weil dem Baum Sand anklebte, so würde das Haus bald wieder abbrennen. Beim Richtfest mußte der »Polier« eine Rede halten und dann sein Branntweinglas vom Giebel des Hauses herabwerfen. Zerbrach das Glas nicht, bedeutete es Unglück für das Haus und seine künftigen Bewohner. Aber wenn beim Hochzeitstanz alles die »kreuz und die quer« durcheinander ging, dann würde sich der Hausherr stets zu helfen wissen. Darum wurde auch ein Hufeisen an den Eingängen der Pferdeställe verkehrt herum, nach der großen Diele zu, angenagelt.

In den zwölf Nächten (Unternächte), die letzten sechs im alten Jahr und die ersten sechs im neuen, durfte man nicht waschen, da es sonst einen Toten geben würde. Heulte der Hund und hielt dabei den Kopf nach oben, bedeutete das Feuer; hielt der Hund den Kopf nach unten, würde es eine Leiche geben. Bei Krankheiten half Sympathie (»Besprechen«). Ein Nagel aus dem Sarg half gegen Zahnweh, und die Hand eines Toten besaß Wunderkräfte. War das Vieh

»gefallen« oder krank, war es »versehen« (böser Blick) –
darum sah es ein Wende nicht gern, wenn ein
Fremder in den Stall kam. Um sich zu schützen,
wurden Viehställe und Häuser am Anfang eines
Quartals eingeweiht, an Ecken und Enden mit Bier
begossen. Auch nach der Brunnenreinigung wurde
zuerst Bier in den Brunnen geschüttet. So brauchte
man an manchen Tagen mehrere Tonnen Bier.

Fast in jedem Wendendorf gab es einen Kreuzbaum
und einen Kronenbaum. Der Kreuzbaum war eine
gerade, hohe Eiche. In jedem Frühjahr zogen die
Bewohner des Dorfes in den Wald, wählten den Baum
aus, und jeder Hauswirt mußte eine bestimmte
Anzahl Hiebe tun. Wenn der Baum gefallen war,
wurde er auf den Wagen geladen, mit Kleidern aller
bedeckt und dann ins Dorf gebracht. Ein Zimmermann mußte nun den Stamm behauen bis er vierkan-
tig war. Dann bohrte man Löcher in den Stamm und
steckte Pflöcke hinein. Danach, wenn der Baum
aufgerichtet war, stieg ein Mann hinauf und befestigte
noch ein Kreuz mit einem Hahn an der Spitze des
Baumes. Fiel der Kreuzbaum um, so durfte er vor
dem Himmelfahrtstag nicht wieder aufgerichtet werden. (In kleineren Dörfern begnügte man sich mit
einer Stange statt dem Kreuzbaum.)

In den Annalen des wendischen Chronisten Parum
Schulze (Arch. f. slav. Phil.) lesen wir: »Da ich noch
ein Knabe war, da stunden in allen Dörffern hohe
lange aufgerichtete Bäume oben ein Quärholz gleich
einem Creutzen ganz oben eine Eiserne stange mit
einem Weyerhan von unten auf an zweyen seyten mit

hölzer langen Nägeln inen geschlagen das man könnte
oben bei den hauen inansteigen. (steht 1724 noch) ...«

Aber nicht nur am Tage der Errichtung des Kreuzbau-
mes wurden Zeremonien abgehalten, sondern auch zu
»gewissen« anderen Zeiten. Dann zog »die Ortschaft«
in feierlichem Zug zum Kreuzbaum, umging ihn
unter dem Schein eines brennenden Wachslichtes,
wobei alle einige wendische Worte sprachen, deren
Sinn nicht überliefert ist. Von Predöhl erzählte ein
Pfarrer, daß sich ein Greis täglich bei dem Kreuzbaum eingefunden, dort niedergekniet sei und seine
Andacht verrichtet habe.

Der Kronenbaum wurde am Johannistag oder zu
Mariä Himmelfahrt oder am Jacobitag aufgerichtet.
Am Abend zuvor zogen alle Dorfbewohner ins »Holz«,
in den Wald. Man wählte eine schlanke, starke Erle,
fällte dieselbe, zweigte sie ab und schälte den Stamm.
Aber die Spitze des Baumes behielt Rinde, Zweige
und Blätter, eine kleine Krone. Am Festtag zogen
sämtliche Weiber des Dorfes, alt und jung feierlich
zum Holze mit dem Vordergestell eines Wagens.
Darauf luden sie den Stamm der Erle, und dann fuh-
ren sie durch morastige Stellen des Weges. Manchmal
wateten sie »bis zum Leib« im Sumpf, der Krone der
Erle durfte aber kein Schmutz anhaften, wenn man
ins Dorf kam. Darum »tanzten« einige der Frauen am
Wagenende und hielten den »Zopf« der Erle hoch. Im

Dorf warteten die anderen und brachen in ein Freudengeschrei aus, wenn der Wagen mit dem Kronenbaum und den Frauen auftauchte. Die Männer warfen nun den alten Kronenbaum um, die »Kothsassen« mußten ihn annehmen und dafür 2 Schillinge den »Weibern« bezahlen. Die Krone des neuen Baumes wurde mit Kränzen und Blumen behangen und der Baum an der alten Stelle »gepflanzt«.

Der Schulze des Dorfes zog seine besten Kleider an, ergriff ein brennendes Licht, und alle Hauswirte und das Vieh gingen um den Baum herum. Zuvor aber waren Männer, Frauen und die Kinder feierlich herumgegangen. Zuletzt wurde wieder viel Bier getrunken. Und dann tanzten Junge und Alte um den Kronenbaum.

Reisebericht aus dem Jahr 965

Es sagt Ibrahim der Sohn Jacubs, der Israelite, Die Lande der Slawen ziehen sich hin vom Syrischen Meer bis zum Norden (Ostsee). Und auf diese Weise bauen die Slawen den größten Teil ihrer Festungen (Burgen).

Sie begeben sich auf Wiesen reich an Gewässern und Schilf und bezeichnen dort einen runden oder viereckigen Platz je nach der Form, welche sie der Festung zu geben wünschen und je nach der Größe und sie graben um ihn rund herum einen Graben und häufen die ausgehobene Erde zu einem Wall auf, indem sie denselben mit Planken und Pfählen befestigen einem »Stampfbau« ähnlich bis die Mauer die gewünschte Höhe erreicht und dann wird eine Tür abgemessen von einer Seite, welche ihnen beliebt, und

man kommt zu derselben auf der hölzernen Brücke ...
und im allgemeinen sind die Slawen kühne und
angriffslustige Leute, und wenn nicht ihre »Zerrissen-
heit« wäre, infolge der Vielfältigen Verzweigung ihrer
Geschlechter und der Zerstückelung ihrer Stämme, so
würde sich kein Volk auf Erden an Macht mit ihnen
messen. Sie bewohnen die an Wohnplätzen und
Lebensmitteln reichsten Länder. Sie befleißigen sich
des Ackerbaus ...

Anmerkungen:
Ibrahim ibn Jaqub ist auch als arabischer Händler bekannt, als Arzt
und Weltreisender. Er schreibt unter anderem: »... Im ganzen Norden
ist Hungersnot nicht die Folge des ausbleibenden Regens und
anhaltender Dürre, sondern des Überflusses an Regen und
anhaltendem Hochwasser. Regenmangel gilt bei ihnen (Nordslaven)
nicht für schädlich, da sie wegen der Feuchtigkeit des Bodens und der
großen Kälte davor keine Sorge empfinden.«

An anderer Stellen nennt er Burgen und Flüsse, die zu der Zeit (965)
slawische Namen haben.
»... Von der Burg Nobograd bis zu der Salzsiederei der Juden, die
auch am Flusse Salawa liegt, sind es 30 Meilen. Von da nach der Burg
Nurndjin, die am Flusse Moldava liegt, ... und von da bis zum Anfang
des Waldes 25 Meilen. Dieser Wald ist von hier bis an das andere Ende
40 Meilen lang, der Weg geht über Berge und durch Wildnisse. Am
Ende des Waldes ist ein Sumpf, 2 Meilen lang, mit einer hölzernen
Brücke, von da kommt man in die Stadt Braga ...«
(Quelle: Frenzel, Siedlungsforschung)

Frenzel nennt für Nobograd Nienburg, für Nurndjin Nerchau und
ordnet die »Salzsiederei der Juden« Bad-Dürrenberg zu. Bad
Dürrenberg liegt südlich von Halle (hal, keltisch = Salz).

Für die Siedlungsgeschichte unserer Gegend sind die verschiedenen
Namen der Mulde von Bedeutung.

Fastenzeit

Erschrick nicht vor der Kälte des Wassers;
je kälter das Wasser, um so reiner ist es!
Und es zeigt dir dein Bild.

Nicht weit von der Hoffnung gibt es die Fischergasse.
Ihren Namen bekam die kleine Straße im Mittelalter.
Damals schlossen sich die Handwerker in Zünften
zusammen. In unserem Fluß gab es viele Fische, in
unserer Stadt viele Fischer; darum war man auch im
Winter nicht auf fremde Händler angewiesen.

Die Fischergasse ist sicher der Platz, auf dem die
Fische zum Kauf angeboten wurden. Denn die Fischer
wohnten meistens am Stadtrand, nahe am Fluß oder
an einem der vielen Teiche. (L. Damm schreibt 1909
von Glauchau, daß es auf einen Quadratkilometer
Bodenfläche mehr Teiche gab als sonst im Königreich
Sachsen (Berlet, Chronik).

Früher waren die Teichgebiete um Glauchau noch
größer und zahlreicher als am Anfang des 20. Jahrhunderts. Mühlgraben, Gründel- und Hammerteich
sollen durch alte Flußläufe der Mulde entstanden
sein.

Mein Vater und der Großvater sprachen oft von der
Mulde, aber keiner nannte mir ihre Vonamen, nicht
diesen schönsten, der sich mir mit einem lieben
Gesicht verbindet – Milda.

Milda, der deutsche Name für den Fluß in der Aue,
und Moldawa, die slawische Form, stehen auf Urkunden des Jahres 965; das slawische Wort im Reise-
bericht des Ibrahim ibn Jacub.

Mulda occidentalis, die dem Abend zugeneigte, die
westliche Mulde. Mulde ist vielleicht das älteste Wort in
unserer Gegend; der Fluß dankt seinen Namen dem
Gebirge, dem Faltengebirge. Moldaha (991), vorsla-
wisch »Falte mit Wasser«; aha, gotisch, für Wasser. –
Jene, die dem Fluß seinen Namen gaben, meinten
»die Mahlende« (von -xmel zerreiben). Die mahlende
Mulde ist geblieben; an den Flußnamen Rochlica
erinnert der Name einer kleinen Stadt im Muldental.

Der Fluß ist das blaue Band meiner Chronik. Die Zeit
hat eine andere Farbe. Die Fische des Mittelalters
sind längst verspeist. Aber in den Kellern unserer
Häuser gibt es heute noch Wasserlöcher. Darin mögen
im Winter die Muldenfische auf ihr Ende gewartet
haben, denn die Teiche waren oft zugefroren. Wenn
die Vorräte aus dem vergangenen Jahr knapp geworden waren, schätzte man den Fischreichtum unserer
Gewässer: »Elntfische, Zerten, Brossen, Persken und
Lampreten« (Berlet, Chronik).
  Am Aschermittwoch, 40 Tage vor Ostern, begann
die Fastenzeit (fasta, ahd.; vasti. mhd.).
  »Die Slawen empfingen vermutlich die terminologie
des jüdisch-christlichen cultus von den Goten« (fastan;
wb. Grimm).

Narrenfasten. Der heilige Augustinus (354–430) nennt
die Fastenzeit ein Abbild des menschlichen Daseins
auf Erden. »Es gibt zwei Zeiten«, sagt er, »die eine,
die jetzt in den Wirren und Versuchungen dieses
Lebens abläuft, die andere, die in Ruhe und ewiger
Freude verbracht werden soll. Und beide Zeiten feiern
wir hienieden: die eine vor Ostern, die andere nach
Ostern.« (J. Küster, Narrenbräuche)

Im 4. Jahrhundert galten überall im Süden Europas und in Mitteleuropa noch heidnische Bräuche; denn das Alte bleibt lange in uns, bewußt oder unbewußt. Hingegen verschwindet alles von »oben« Verordnete schnell wieder, wird bald vergessen. Daß unser Jahr im Winter endet, und das neue Jahr mitten im Winter beginnt, das geht auf die alte Mythologie zurück, wonach die Zeit, wie das Leben des Menschen, aus Dunklem hinüberwechselt ins Licht. Daher kommt das Wort: Was leben soll, muß erst gestorben sein. Für die Zeit bedeutet das: Ein Tag beginnt in der Nacht; ein Jahr fängt im Winter an. Und wie das Jahr ein Ganzes ist, so sind Leben und Tod des Menschen seine Zeit. (Die Existenz des Menschen wäre ohne die seiner Ahnen nicht denkbar.)

Martin Luther nannte die Fasten »lügenfasten, die nur den Namen hat.« Nach der Reformation im 16. Jahrhundert blieb in Sachsen der Brauch Fastnacht zu feiern; und von der »aschenruthe« zum Ascheabkehren am Aschermittwoch nur die »Klatsche«, aus bunter Pappe gefaltet.

Fastnachtzeit: »da die Narren beginnen zu blühen« (Simpl.)

Der Federehannes, der Teufel, gebärdet sich beim »Narrensprung« besonders wild. Über den Sprungstecken springt er im Federkleid. Er ist nicht nur der Verführer des Faust; es gibt ihn in der Poesie des Volkes als »Vogelgrif«, eine Märchengestalt, die »Menschen frißt«, oder wie es in der Mundartfassung heißt: »er frißt Christen«.

1447 verboten die Stadtväter von Basel die Sitte, am Aschermittwoch einander mit Ruß zu beschmieren, als »unkristenlichen wisen und geberden...« (J. Küster, Narrenbräuche).

1494 erschien in Basel das inzwischen berühmte Buch »Narrenschiff« von Sebastian Brant. Unter den Basler Handwerksgesellen gab es im 15. Jahrhundert den närrischen Brauch, einander in den Brunnen zu werfen. »In der schwäbisch-alemannischen Fasnet spielen Narrenbrunnen eine besondere Rolle. In Endingen beschwört der Zunftmeister den »Jokili-geist« im Brunnen vor dem Rathaus: »Jokili, bisch in brunne gheit – i hab di here plumpse ...« Und das Volk ruft:

»Jokili kumm!
Jetz is im Narr sei greschti Schtund –
's ganz Schtädli weißt: d'r Jokili kummt!«

In Glauchau gibt es seit dem 2. Weltkrieg in diesen Tagen den 24. Karneval; (seit 25 Jahren einen Karnevalsverein). Am 11.11. (93) 11 Uhr 11 übergab der Bürgermeister Karl-Otto Stetter den Schlüssel des Rathauses dem Obernarren Volker Krüger, dem Leiter des Stadttheaters. Der ritt als Agricola verkleidet durch die Stadt. Es folgte ihm viel närrisches Volk. Man rief: »he, he, he« und trank viel Bier. Nun beginnen in Glauchau die »tollen Tage« unter dem Motto: »Zurück in die Steinzeit – auf den Spuren Agricolas«.

Die Mulde ist zwischen der Mündung des Mülsenbaches und der Mündung der Lungwitz 8800 Meter lang. Früher soll es an verschiedenen Stellen des Flusses eine Furt gegeben haben, eine seichte Stelle, »durchwatbar«. Mit einer Furt verbindet sich eine

Sage, wonach ein Riese, ein großer Mensch, die Leute über den Fluß trägt, hinüber und herüber: im Märchen vom Vogelgreif (Grimm) und in der Sage vom Reprobus, der als Heide nach Samos in Lykien zog und dort die Taufe empfing. Im Mittelalter wurde in unserem Land daraus die Legende vom heiligen Christopherus, dem Riesen, der das Christuskind trägt.

In der Zeit vor Christus feierten die Menschen den Anfang des Jahres. Jeden Tag feierten sie eine andere Jahreszeit; am Rosenmontag den Sommer... Aschermittwoch liegt am anderen Ufer.

Miriquidui

Der Wind ist ein wilder Geselle und ein Freund der Samen. Er findet sie, trägt sie fort; und manchmal wirbelt er sie und den Staub auf ein Dach, daß Gras und Moos oben wachsen. Er rüttelt an den Blüten-bäumen, und wenn er im Mai in die Ulmen bläst, und ihre Samen sind reif, dann lösen sich aus dem »Ball« zarter Samenhäute ein paar und gehen mit ihm auf die Reise. Und wenn dann irgendwo eine Ulme wächst, so weiß keiner, woher sie kam.

Vom Stamm ein Stück
in den Fluß gefallen,
treibt hinab zum Meer.

Als die Römer über die Alpen kamen, meinten sie, unser Land sei ein einziger Wald. Sie sagten: »hercynia silva«, Bergwald. Doch am Waldsaum und

an trockenen Stellen der Ufer standen schon Hütten.
Holz war der Baumeister.

Und der Wald in den Flußauen war ein anderer als
der des Virgunt, des Erzgebirges. Aber in Glauchau
unterschieden sich Auwald und Bergwald nicht so
sehr, denn Glauchau liegt am »Fuße« des Erzgebirges.
Bedingungen für die Pflanzen eines Feuchtwaldes
finden sich, neben anderen, auch auf dem Berg.

Bis zu den ersten großen Rodungen durch die ins
Land strömenden Siedler um 1000 u. Z. hat sich das
Waldbild kaum verändert. Unser Wald war ein
Mischwald von Birken, Kiefern, Haselnuß, Eichen
und Ulmen, Buchen und Eiben, Tannen, Erlen und
Eschen, und an den Rainen wuchsen Weiden schon
seit den Zwischeneiszeiten.

Lange vor der bäuerlichen deutschen Besiedelung
führten Pfade durch den Wald, vom »Altsiedelland«
um Altenburg und Rochlitz bis nach Böhmen. Die
südlichsten Ansiedlungen reichten bis an die
Mündung des Mülsenbaches. (Quelle: »Limbacher
Land«)

Man konnte über die »böhmischen Steige« in den
Süden reisen; von Leipzig über Rochlitz und Zöblitz
oder über Altenburg, Waldenburg, Zschopau. Die
Straße von Zwickau nach Freiberg kreuzte schon
damals die Nord- Südverbindung über Zschopau.
Der Chronist Thietmar von Merseburg beschrieb im
Jahr 1004 einen bewaffneten Überfall in der Nähe

von Saaz (Zatec), wo die Hallesche Salzstraße von Chemnitz her einmündet. Er nennt den Wald Miriquidui. Der Name bedeutet dunkler Wald oder schwarzer Wald. Die Laubwälder in den Flußauen hießen weißer Wald. Wir erinnern uns: Weißblau schimmert die Aue.

Aber der Wald ist nicht nur eine Ansammlung von Bäumen. In unseren Wäldern leben heute noch ungefähr 5200 Arten Insekten, 380 Arten von Würmern, 70 Landschneckenarten, 560 Arten »räuberischer Spinnen« und 109 Arten Landwirbeltiere. Dazu kommen Bärtierchen-Arten, die in den Wasservorräten der Moospolster leben.
Auch die abbauenden Organismen sind wichtig. Die ›Totengräber‹ bringen die Tierleichen schnell unter die Erde, zurück in den Kreislauf.« (Dreyer, Waldführer)

Jahrelang starben unsere Ulmen an einem Pilz (Graphium ulmi). Nun starb der Pilz an der »berühmten« Glauchauer Luft. Im Frühling 1993 schaukelten wieder die hellgrünen zarten Fruchtbällchen an den dünnen kahlen Zweigen der Ulmen. Und dann leuchteten auch wieder die Blätter wie grüne Sonnen, und der junge Bast glänzte silbern. Die Rinde der Ulme reißt erst, wenn der Stamm älter wird.

Aber in der Ulmenstraße sind die Ulmen verschwunden.

DIE »CHRISTIANISIERUNG«
IM ZWICKAUER LAND

Glauchau, Zwickau und das unmittelbar an der
Mulde gelegene Gebiet von Meerane[1] war 1174 noch
slawisches Gebiet; auch im Pleißenland um
Crimmitschau und Schweinsburg lebten slawische
Fischer.[2]

Unter dem »Druck« deutscher Eroberer flohen die
Sorben aus dem Saalegebiet an die Pleiße bis
Crimmitschau und an die Mulde bis Schedewitz/
Bockwa. Aber seit 1150 kamen unter Barbarossa
(Kaiser Friedrich I.–1152–1190) deutsche Bauern in
größerer Zahl auch in unseren Raum. Die Koloni-
sation erfolgte unter dem Schutz des Adels (durch
Ministerialen und Lokatoren)[3] Die Ministerialen
sicherten ihre Macht durch den Bau von neuen
Burgen und mit Hilfe der Kirche. (Die Gräfin Berta
von Groitzsch und der Bischof Dietrich von
Naumburg stifteten 1118 die Marienkirche von
»zwiccove«.)

Anmerkungen:
Heinrich der Erlauchte verlobte seinen Sohn mit der Tochter des
deutschen Kaisers. So kam das Pleißnerland mit Zwickau, Chemnitz,
Altenburg, Colditz, Leisnig und anderen Städten 1310 an die Wettiner.
Es kam zu lange währenden Kämpfen zwischen Albrecht II. und
seinen Söhnen aus erster Ehe (Friedrich der Gebissene und
Dietzmann). Erst Friedrich II. der Ernsthafte gewinnt den Wettinern
das Pleißenland für längere Zeit, wiederum durch Verlobung mit einer
Tochter des deutschen Kaisers.[4] Aber Glauchau gehörte in dieser Zeit
schon zu den Schönburgischen Landen. Mit der »Goldenen Bulle«[5]
Kaiser Karl IV. wurden die Machtansprüche der Territorialfürsten
sanktioniert.

1 Gesau gehörte damals zu Meerane

2 Quelle: Museum Zwickau

3 Lokatoren leiteten die Rodungen des Waldes und den Bau der deutschen Siedlungen. Berlet hielt sie für die Gründer von Wernsdorf, Bernsdorf, Lipprandis, Schindmaas, Seiferitz und Dennheritz. Er schreibt auf Seite 18 seiner Chronik: »...Die in unserer Gegend angesiedelten Bauern waren vorwiegend Thüringer ... aber auch ... Franken, Bayern, Schwaben, Hessen und Sachsen.« Die Schönburger waren Reichsministerialen.

4 Quelle: Gustav Niemetz, Geschichte der Sachsen, Oberlausitzer Verlag 1993

5 Goldene Bulle: »nach ihrem Goldsiegel benannte, in lateinischer Sprache 1356 abgefaßte Urkunde Kaiser Karls IV. (1355–1378), deren Bestimmungen die verfassungsrechtlichen Grundlagen des alten deutschen Reichs (bis 1806) schufen. Die Goldene Bulle stärkte vor allem die Vorrechte der 7 Kurfürsten, bestätigte diesen das Recht der Wahl des Deutschen Königs (Wahlort Frankfurt a. Main) und räumte ihnen u. a. das uneingeschränkte Münzrecht ein.«

DIE SCHÖNBURGER

Die Herrschaft Glauchau:

...»sie wird begrenzt: Gegen Mitternacht vom
Altenburgschen, der Herrschaft Remissen (Remse)
und Waldenburg; gegen Morgen von dem Amte
Kemnitz; gegen Mittag von der Herrschaft Lichtenstein und dem Amte Zwickau...

Die größte Länge von Süden nach Norden beträgt
4 Stunden, die Breite von Westen nach Osten 3 Stunden.

Sie ist eine der ältesten Schönburgischen Besitzungen; zwar läßt es sich nicht angeben, wann
und wie sie an die Herren von Schönburg gekommen,
aber so viel ist doch wahrscheinlich, daß sie gleich
nach Unterjochung der Serben (Sorben) in diesen
Gegenden durch Heinrich I. also etwa seit der Mitte
des 10. Jahrhunderts in die Hände derselben gefallen
sey.

Sichere Urkunden deshalb fangen erst mit dem Jahr
1233 an, wo das Kloster Geringswalde durch
Hermann von Schönburg gestiftet wurde. Manche
behaupten, Hermanns Vater habe bereits im Jahr
1182 zu Glauchau gewohnt. (Die ersten Urkunden
sind von der Burg Gluchow aus datiert.)

Von 1233–1534 läßt sich die Erbfolge der Herren von
Schönburg (Glauchau) nicht mit voller Gewißheit
bestimmen. 1534 erhielt die Herrschaft Georg von
Schönburg durch seinen Vater Ernst II. und vererbte
sie im Jahr 1585 an seinen einzigen Sohn August.«[1]

1525 gehören zum Besitz der Schönburger 120 Dörfer und 15 Städte. Außerdem Anteile in fremden Bergorten, auch in Joachimsthal. Elisabeth von Schönburg hatte 1526 (oder 1528) Hieronymus von Schlick geheiratet und lebte nun in Schlackenwerth. Sie war die Schwester Wolf I., einem Mitbegründer von Joachimsthal.

Stadtgeschichte: »Auf dem Hochufer über einem slawischen Dorf an der Zwickauer Mulde errichteten die Reichsministerialen um 1170 die Burg und bauten von hier aus ihre Herrschaft durch Rodung aus. Bei der Burg entstand wohl Mitte des 13. (Jh.) die planmäßig angelegte Stadt, mit der 1256 bezeugten Georgenkirche. Rat und Bürgermeister sind für 1479 nachgewiesen. Ihnen standen nur die Niedergerichte zu. Die Reformation wurde 1542 eingeführt, eine Schule bestand schon vor 1500.« (Lexikon Städte und Wappen der DDR)

»Am 4. März 1240 benannte Burggraf Albert von Altenburg den ›henric de Cluchowe‹ in einer Urkunde als letzten Zeugen.« (Quelle: Cluchowe, Beiträge zur Stadtgeschichte von 1990)

1 Quelle: Schumann, Lexikon von Sachsen H 50 – Glauchau –

»ORA ET LABORA«

Die Geschichte der Mönche beginnt im Orient. Dort schlossen sich schon in den ersten christlichen Jahrhunderten Gläubige zu klösterlicher Gemeinschaft zusammen. Sie wollten »rein sein und schweigen«; schweigen meint Meditation. Der orientalische Mönch lebte enthaltsam, er strebte nicht nach irdischen Gütern. Darum brauchte er auch nicht aktiv werden. »Anders im Abendland.«

Benedikt von Nursia gründete 529 Monte Cassino, gab seinen Klosterbrüdern Lebensregeln und wurde so zum Schöpfer des Benediktinerordens. »Er verband den Gedanken der Weltflucht mit altrömischer Gemeinschaftsethik«. Die Mönche gelobten keusch zu leben. Sie siedelten abseits von den Menschen und verbrachten ihr Leben mit Beten und Arbeiten – ora et labora. Alles Lebensnotwendige mußten sie selbst erzeugen.

Im 7. Jahrhundert predigten angelsächsische Benediktiner auch in Deutschland. (Als »Stützpunkte« der Mission entstanden die Klöster Echternach, Kaiserwerth, Reichenau und Fulda.) Im Jahr 799, nach den Siegen Karls des Großen, wurde in Werden die erste Abtei des Sachsenlandes gegründet.[1] (Auch Herford und Corvey.) Gegen Ende des 9. Jahrhunderts verfielen viele Klöster; auch im 10. Jahrhundert. Nur wenige Mönche lebten noch nach den alten Regeln. Eine Reform der Klöster war nötig geworden. Sie kam von Frankreich (von Burgund und Lothringen) nach Deutschland.

1079 schloß sich das Kloster Hirsau (Schwaben) der Reformbewegung an und löste eine Kirchenreform aus. Papst Gregor VII. hatte 1075 die »Laieninvestitur« verboten. Dadurch wurde dem Kaiser das Recht genommen, die Bischöfe in ihr Amt einzusetzen. Die Bischöfe waren aber zugleich Fürsten des Reiches. Der Papst hatte damit an der Reichsverfassung »gerüttelt«. Von den Hirsauern und den Mönchen des Klosters Cluny (Burgund) ging ein neuer Geist aus, der zu den alten Regeln noch strengere Askese forderte; der Tagesablauf wurde bis ins kleinste geregelt, Gewohnheiten anzuerziehen war die Absicht. Die Mönche zogen durchs Land und predigten nicht nur Gehorsam gegenüber Gottes Geboten, sondern auch Gehorsam gegenüber der Kirche. Die Klöster wurden Zuflucht der Armen. Als Laienbrüder verrichteten sie alle Arbeit, denn die Mönche waren mit Beten und geistlicher Betrachtung beschäftigt. Um 1100 gerieten die Reformklöster in eine schwere Krise. Sie waren in den Streit zwischen Kaiser und Papst hineingeraten, wurden hineingezogen, weil ihre Zinswirtschaft an die Naturalwirtschaft gebunden war. In der Reformationszeit wurden viele Klöster verweltlicht, manche von den Bauern zerstört. In katholischen Gegenden kehrte während der Gegenreformation der alte Glanz in die Klöster zurück. Erst im 19. Jahrhundert wurden die meisten Abteien aufgelöst. Heute gibt es nur noch wenige Häuser, in denen Mönche und Nonnen leben.

»Der Orden Benedikts ist die Urform des abendländischen Mönchtums geworden, seine Regel bestimmte auch die Klosteranlage. Der Zwang zu wirtschaftlicher Selbständigkeit und das gemeinsame Leben in Gebet und Arbeit schufen die Gestalt des Klosters, wie sie der Idealplan von St. Gallen um 820 zum ersten Male ausgeprägt zeigt.« (Quelle: Ernst Ullmann, Klöster, in der Reihe »Unsere schöne Heimat«, Sachsenverlag Dresden 1958)

[1] Sachsen: damals das Herzogtum Sachsen. »Es bestand aus Engern (beiderseits der Weser), Westfalen (westlich von Engern, Ostfalen (östlich bis an die Elbe) und Nordalbingien (nördlich der Elbe, Holstein). Bis zum Jahr 1180 wird es so als einheitliches Territorium fortbestehen, um dann in Einzelgebiete zersplittert zu werden.« (Quelle: Gustav Niemetz, Geschichte der Sachsen, Oberlausitzer Verlag 1993) Damals verlief die Grenze im Südosten entlang der Saale. Erst im 15. Jahrhundert werden die Bande zwischen der Mark Meißen (965 durch Kaiser Otto I. gegründet) und dem Kurfürstentum Sachsen geknüpft. –

Widukind: Den letzten großen Kampf der noch immer »heidnischen Kulten anhängenden Sachsen« hatte seit 777 Widukind gegen den Frankenkönig, Karl dem Großen, gekämpft. Erst 785 ließ sich Widukind taufen. Aber die Sachsenkriege dauerten noch bis ans Ende des Jahrhunderts. Dann wurden die Sachsen Christen und ins große Reich der Karolinger einbezogen, als Herzogtum Sachsen. (Siehe oben!)

TOTENSONNTAG

In der Nacht war Schnee gefallen. Nebel liegt über
dem Fluß und auf den Wiesen. Dunkle Vögel fliegen
über den Acker. Zwischen hundertjährigen Stämmen
geht der Weg hinauf. Ich sehe meinen Atem in der
Luft. Das Tor zum Friedhof ist offen. Baumkronen
ragen ins matte Licht. Am Ende des Weges steht das
Totenhaus. Manche Gräber liegen dicht beieinander;
den Namen Jost lese ich viele Male, oft Engert, Naefe,
Prüstel[1]. Jeder Grabstein erzählt vom Anfang und
Ende, die Geschichte eines Lebens erfahren wir
selten. Zum Beispiel die von Julien Lecat: Als er
geboren wurde (1914), begann der erste Weltkrieg. Der
zweite Weltkrieg bringt ihn gefangen nach Weidensdorf. Er arbeitet bei einem Bauern. Julien ist jung und
liebenswürdig. Kein Wunder, daß sich die Tochter des
Bauern verliebt. Er bleibt bei ihr. 1981 muß sie ihren
Julien begraben. Seine Geschwister haben einen
weiten Weg zu seinem Grab. In einer Ecke, dicht am
Zaun, steht ein Kreuz aus grauem Stein auf einem
kleinen Grab. Nadeln von Fichtenzweigen bedecken
die Erde. Auf dem Balken des Kreuzes steht der
Name, Hartmut Lohse. Er war der kleine Sohn einer
Umsiedlerin gewesen. Ein anderer Stein erinnert an
die »Gefallenen« von Weidensdorf.

Die Sonne ist untergegangen, es beginnt wieder zu
schneien. Eine alte Frau kommt herein, sie bringt
Kunstblumen. Vor dem Tor begegnen mir zwei Kinder
mit ihren Eltern. Sie haben ihren Strauß in eine
Zeitung gewickelt. Der Weg hinunter ins Dorf ist glatt
geworden. An den Weiden hängt der Reif. Ich gehe am
Bach entlang bis zu einer kleinen Brücke. Dort, am

Dorfplatz, hinter der alten Schmiede, beginnt der Remser Weg. Direkt am Weg, vor dem letzten großen Hof, schauen die Reste eines Häuschens unter der verschneiten Grasnarbe hervor. Wasser sammelt sich im Winkel zwischen den Mauern. Eine Katzenspur führt ins Dorf zurück.

Wer im Winter 1388/89 hierher gekommen war, fand das Dorf verwüstet, die Häuser vom Feuer zerstört, die Ställe leer, Hunde und Hühner verwildert. Unberührt lag der Schnee vor der Kirche[2]. Die Menschen waren fort; gebunden fortgeführt von Veit I. und seinen Reitern. Die Weydemstorffer[3] saßen gefangen in Glauchau. Zwei Jahre lang mußten sie in unterirdischen Räumen leben; arbeiten und ihre Toten begraben. Ohne die Hilfe des Papstes wäre wohl keiner zurückgekehrt. 1390 mußte Veit I. Buße tun, die Weidensdorfer frei lassen und ihnen beim Bau ihrer Häuser helfen. Es steht geschrieben: Der Bannspruch des Papstes sollte in den Kirchen von Altenburg, Zeitz, Naumburg, Chemnitz, Zwickau, Penig, Rochlitz, Schmölln und Glauchau verkündet werden. Da bat Veit um Vergebung. – »peccata sunt vobis remissa« (die Sünden sind euch vergeben). Die Sünden. Woher kommen die Sünden? Ein Mensch wird geboren und ist so rein wie das Christkind. Eine Sage erzählt, es habe sich im Remser Nonnenkloster ein wundertätiges Marienbild befunden, zu dem die Ablaßsuchenden[4] von nah und fern »wallfahrteten«. Von einem Erker des »roten Stockes« aus habe der Probst den Segen erteilt: »peccata sunt vobis remissa«.
    (Köhler, Sagenbuch Nr. 553; Kirchengalerie von Sachsen BD. XII)

Remse liegt auf halbem Weg zwischen Waldenburg und Glauchau. Im Jahr 1143 schenkte der König (Konrad III:) dem Kloster Bürgel 100 Königshufen, »die zu beiden Seiten der Mulde im Pleißner Königswalde gelegen waren«[5]. Konrad III. stiftete vier Jahre später auch das Kloster in Remse und überließ den Nonnen des Benediktinerordens, damit sie mit dem Nötigsten versorgt würden, Weydemstorff. Die Weydemstorffer brachten den Nonnen Hafer und Korn, Eier und Federvieh; so entstand der alte Remser Weg. Er führte über die Felder und oberhalb der Bastei zum Kloster. Zweihundert Jahre lang schützten die Könige das Klosterland. Dann übernahmen die Herren von Waldenburg den Schutz der Benediktiner und ihrer Untertanen. Und sie berichteten von Zeit zu Zeit dem Abt von Bürgel, wie der Probst im Remser Kloster haushielt. Auch als Friedrich von Schönburg, Veits Vater, die Schutzherrschaft übernahm, änderte sich nicht viel. Er achtete noch die Rechte der Benediktiner als Grundherren von »Weydemstorff«. Veit I. wollte, wie andere Fürsten damals, dem Kloster das alte Recht abstreiten. Die Weydemstorffer Bauern mußten leiden, weil Kaiser und Papst um Macht und Vorrechte stritten. –

Das hohe Haus, der »Rote Stock« von Remse, steht noch, auf halber Höhe, am linken Ufer der Mulde. Sehenswert ist auch das Pfarrhaus und weiter oben die freie Natur: Acker und Wiese, Wasser und Wald. Und der Himmel. Der Wanderer muß zu Fuß hinauf.

Schnee bedeckt die Erde; sie schweigt. Alles ist gesagt; eisiges Feuer.

[1] auch Börnig–Schmidt (in Jerisau Börngen-Schmidt);

[2] Über der Kirchentür finden wir die Jahreszahl 1250; es gibt Reste von Wandmalereien aus der ersten Hälfte des 15. Jahrhunderts.

31390 (Kop. 15. Jh.) Weydemstorff UBB 315, siehe K.-H. Hengst, Ortsnamen;

[4] Ablaßsuchende: sie suchten die Vergebung der Sünden

[5] Berlet, Geschichte der Stadt Glauchau, Teil 1;
Königshufe: 86 alte sächsische Acker = 1 fränkische Königshufe = 47,6 ha. Seite 21;

ANNALEN VON
GLAUCHAU UND UMGEBUNG
12.–14. JAHRHUNDERT

Aus der Chronik von Ernst Eckardt

1104
ist die erste Kirche in Glauchau gebaut worden.[1]

1147
stiftet Kaiser Konrad III. von Hohenstaufen das
Kloster Remse für Nonnen des Benediktinerordens.
(1182 stiftet Hermann I. von Schönburg das Kloster
Geringswalde.)

1224
erfror alles Getreide; die Folge davon war Teuerung;
ein Jahr darauf starben viele Menschen.

1226
stieg die Mulde sehr hoch. Die Überschwemmung
hielt einen ganzen Monat an und »that vielen
Schaden«.

1258–72
Wieder wurde alles teurer. Viele Tausend Menschen
hungerten und starben. Es wurden Tannenzapfen
und gemahlene Eicheln gegessen und der Mehlstaub
in den Mühlen aufgeleckt. Selbst das »gefallene Vieh«
wurde verzehrt.

1279
Teuerung auch in Böhmen. Viele Menschen kamen
hierher, Nahrung zu suchen.

1280

war es »sehr wohlfeil. 1 Schffl. Korn galt 4 Gr., 1 Huhn 2 Pf.«

1288

»Nach Heinrich des Erlauchten, Markgrafen von Meissen und Landgrafen von Thüringen, Tode, erhob sich in seinem Lande viel Raub und Plackerei. Besonders machten die osterländischen[2] Raubritter Land und Straßen unsicher. Daher kamen am 15. Dezember die Brüder Friedrich mit der gebissenen Wange und Diezmann, Markgrafen von Meißen, nebst den Bischöfen von Naumburg, Meißen und Merseburg und einigen Dynasten in Grimma zusammen, um über die Aufrechterhaltung des Landfriedens zu beraten und zum Einschreiten gegen die Ruhestörer sich zu besprechen. Es wurde nur einzelnen Edlen die Execution gegen die Räuber übertragen, und für unsere besonders heimgesuchte Gegend Anarch von Waldenburg damit betraut. Doch wurde die Ruhe damit noch nicht erzielt und es mußte ein zweiter Fürstentag im nächsten Jahre (1289) zu Erfurt gehalten werden, auf welchem Kaiser Rudolph von Habsburg selbst erschien und daselbst 29 adlige Räuber, die er bei Ilmenau gefangen genommen hatte, hinrichten ließ und mit Hilfe der Erfurter 66 Raubburgen zerstörte.«[3]

1301

war fast gar kein Winter; die Bäume schlugen im Januar wieder aus.

1305

hat das kaiserliche Kriegsvolk das Land ausge-
plündert, sich auch an die großen Herren und Städter
gemacht und deren nicht verschonet.

1306

Es entstand große Plackerei, denn der kaiserliche
Oberfeldherr, Philipp von Nassau, ließ seine Truppen
zurück. Friedrich IV. von Schönburg hat in Verbindung mit den Reichsstädten Zwickau, Altenburg und
Chemnitz am 15. Mai die Placker bei Lichtenstein
angegriffen und geschlagen, wobei viel rechtschaffene
Mann auf beiden Seiten geblieben sind. (S. 66)

1307

31. Mai Friedrich IV. von Schönburg wurde bei Lucka
gefangen genommen und in Leipzig in den Kerker
geworfen. Friedrich der Gebissene und Diezmann
hatten das kaiserliche Heer geschlagen.

1308, 1310, 1312

nach Kälte und Nässe Mißwachs und Teuerung. Viele
Menschen hungerten wieder und starben.

1315

regnete es ununterbrochen, vom Mai bis in den
Winter hinein. Am 19. Juni und im August Mulden-
überschwemmungen. Zuletzt wurde die Brücke
weggerissen, Häuser und Holz schwammen fort.
Menschen ertranken.

1317

Durch große Kälte Mißwachs. In Glauchau tobte ein
schreckliches Gewitter, das viel Schaden anrichtete.

1318

Wieder schlechte Ernte. 1 Scheffel Korn, der sonst
3 bis 4 Groschen gekostet, »galt« 30 Böhmische
Groschen. Die armen Leute buken Brot aus Mispeln,
Baumrinde und Lindenknospen. Eltern aßen ihre
Kinder. Auch das Aas und die Leiber der Gehängten
wurden von den Hungernden verzehrt. Das Vieh
starb, da gab man den Juden die Schuld, sagte, sie
hätten die Weiden vergiftet. Gefährliche Seuchen
führten zum Aussterben von Dörfern.[4]

1319

war wohlfeile Zeit. 1 Scheffel Korn galt 1 Gr.,
1 Scheffel Hafer 4 Pf.

1327

wurde der Gebrauch der wendischen Sprache vor
Gericht verboten.[5]

1328

Die Bäume blühten im Januar.

1337

Zwei Kometen standen nebeneinander am Himmel;
der eine erschien im Mai, der andere im August; die
Menschen erschraken darüber.

1338

Heuschrecken kamen in so großer Zahl, daß die
Sonne davon verdunkelt wurde. Man hatte die Bäume,
damit sie nicht vergiftet würden (!) zugedeckt. Raben,
Krähen, Störche und andere Vögel vertilgten viele von
den Plagegeistern. Schon am 19. Oktober kam der
Schnee. Da starben die Heuschrecken.

1324
Am Tage Mariä Magdalenä (21. Juli) wurde Deutschland vom Wasser heimgesucht. Überall wurden die Brücken fortgerissen.

1348
Wegen des Grafen Rheineck, der zu Hartenstein gewohnet, ist hier herum eine große Verwüstung und Plackerei geschehen. »In der Mülsen« ist eine blutige Schlacht geschlagen worden, darin sind viele Bürger der umliegenden Städte geblieben.

1349
Die Böhmen sind »ins Land gefallen«. Das Landvolk hat sich nach Glauchau in die Burg geflüchtet. Der »schwarze Tod« verheerte das Land.

1350

In Hohenstein begann der Bergbau. In diesem Jahr
»hielt der Papst von Rom ein Jubeljahr«. Viele sind
hingezogen, um »Ablaß« zu holen; nur wenige kamen
zurück. In Glauchau herrschte die Pest und die rote
Ruhr.[6]

1355

April und Mai Überschwemmungen. Nachher kamen
die Heuschrecken.

1357

Kaiser Karl IV. und der Markgraf von Meißen,
Friedrich der Strenge, zogen mit ihren Heeren ins
Vogtland wider die Reußen, die Räuberei trieben. (Die
Reußen weigerten sich, einige Städte an die Meißner
abzutreten.) Bei diesem »Streit« wurden das Schloß
Lichtenstein, das damals Schönburgisch war, und
andere Schlösser zerstört. (Demnach waren die
Schönburger und die Reußen Verbündete.)

1358

Im Mai waren zwei Finsternisse: eine an der Sonne,
die andere am Mond. Darauf folgte die Pest. Auch die
Jahre 1362, 1363, 1366 bis 1368 und 1380 waren
Pestjahre.

1382

ist fast gar kein Wind gewesen. Davon ist die Luft so
»faul« geworden, daß ein großes Sterben erfolgte.[*]

1388

wurde Waldenburg vom Markgrafen Wilhelm von
Meißen belagert. Und Veit I. von Schönburg, der in

Fehde mit dem Kloster Remse lag, überfiel Weidensdorf und plünderte es aus. Das Dorf gehörte dem
Kloster; die Schönburger waren die Schutzherren des
Klosters geworden. (König Konrad von Hohenstaufen
hatte das Kloster gestiftet. Es gehörte zu Bürgel und
stand zwei Jahrhunderte lang unter dem unmittel-
baren Schutz des Königs. Friedrich von Schönburg,
der Vater Veits, hatte die Schutzherrschaft in alther-
gebrachter Weise ausgeübt.)[8]

1390
Viele Brände und teure Zeit.

1399
Alles Wasser gefror. Selbst größere Flüsse trieben
wochenlang keine Mühle. Hungersnot!

1400
trocknete fast die ganze Mulde aus.

[1] Auf dem Nicolaiberg, zwischen der Post und dem Brauhausgäßchen,
soll eine alte Kapelle gewesen sein. In der Gegend war auch der
Niklaskirchhof. Im 17. Jahrhundert fand man unweit »Urnen mit Asche
und Brakteaten«. Brakteaten sind Pfennigmünzen des 12. und 13.
Jahrhunderts.

[2] Osterland: Das Osterland begann an den Quellen der Elster und
erstreckte sich bis Merseburg und Halle, Teile davon waren das
Pleißnerland und das Vogtland. (Eckardt, S. 28)

[3] Die Unterstadt von Glauchau liegt diesseits und jenseits der Zwickauer Mulde, heißt Wehrigt oder Wehrdigt und gehört sicherlich zu den früh bewohnten Fleckchen unserer engeren Heimat. Sumpf und Fluß waren nicht nur Gefahrenquellen, waren auch natürlicher Schutz vor Feinden. Am Fluß hatte man alles, was man damals brauchte. Die vielen Wiesennamen auf den Landkarten des 19. Jahrhunderts erzählen uns, daß man sein Vieh, Ziegen, Schafe, Kühe und Schweine, weidete und Heu als Wintervorrat »einbrachte«. Vor allem lockte wohl der Fischreichtum der Mulde so manchen hierher. Man baute auf kleinen Erhöhungen sein Haus und schützte sich, wo es nötig schien, durch künstliche Dämme. In der Muldenaue nordwestlich von Glauchau findet man heute noch die alten Landwehre. Im Schutze einer Landwehr stand »vor Zeiten« ein Raubschloß, an einem Fußweg, der die Auestraße kreuzte, zum »großen Anger« führte und weiter zum Muldenufer und zur Stadt. Auf alten Karten wird dieser Platz in der Aue als »die Wahl« bezeichnet; und nach A. Schiffner soll ein Turm »hier das Tal beherrscht und große Schätze geschirmt« haben. Von den Raubschlössern unserer Stadt berichtet eine Sage. Die Sage vom Schloß auf der Wiese bei Schönbörnchen: In alten Zeiten befand sich auf der großen Wiese ein Schloß. Es gehörte einem Ritter, der hatte sieben unverheiratete Töchter. In der Nähe des Schlosses war es nicht geheuer. Neben einem Graben geisterten Irrlichter herum und führten nächtliche Wanderer auf Irrwege. Das Schloß wurde der »Weiler« genannt. Ein unterirdischer Gang soll zum »Lug«[*], einem Raubschloß auf dem Scherberg geführt haben. (Nach Steffen Winkler »Ich weiß eine alte Kunde«, Sagenbüchlein des Museums.) Wo man die »Wahl« vermutet, standen im 19. Jahrhundert alte Eichen und das gräfliche Lustschloß »Chaumiere«. Als es abgerissen wurde, fand man unter den Grundmauern einen zweiten Ziegelbau.

[4] Es ist nicht auszuschließen, daß Naundorf damals wüst wurde.

[5] Der Gebrauch der wendischen Sprache – vor Gericht – wurde verboten. Also müssen zu der Zeit noch Wenden in unserer Gegend gewohnt haben, und die wendische Sprache muß noch lebendig gewesen sein.

[6] »Ablaß«: Die römisch-katholische Kirche verkaufte »Ablaßzettel«, die Vergebung der Sünden versprechend.

[7] Siehe auch Agricola »de Peste« (die Pest) Drei Bücher, Froben 1554!

[8] Quelle: »Aus Schönburgischen Landen« Heft 6 (Verlag E. R. Herzog)

[*] Lug: slaw. lug bedeutet Sumpf; das Gelände am Scherberg war wegen des Ursprungs des Schafteiches wohl das sumpfigste weit und breit. Kein Wunder also, daß der Platz von Wenden lug genannt wurde. Das Raubschloß mag Legende sein oder nicht!

GRABBOWE

Aus der Chronik von Professor Berlet

Der anfänglich überaus große Sprengel der Zwickauer Gaukirche, etwa 550 km² umfassend, hatte im Laufe des 12. Jahrhunderts eine beträchtliche Verkleinerung erfahren, obwohl zu ihm rechts der Mulde noch das Gebiet zwischen Mülsen- und Lungwitzbach hinzugeschlagen worden war. 1212 trat das Kloster Bosau die Kollatur über die Gaukirche, die es seit deren Stiftung besaß, an den Markgrafen Dietrich (den Bedrängten) von Meißen ab, der sie 1219 weiter an das Eisenberger Nonnenkloster vergab. In der darüber ausgestellten Urkunde ist zugleich der damalige Umfang der Kirchfahrt angegeben; sie umfaßte nur noch die Ortschaften Osterwegen (Osterweih), (Ober-?) Hohndorf, Bockwa, Schedewitz, Pölbitz, Crossen mit der Kapelle dort, »Vnimin« (Wulm), zwei Schlunzig, Naundorf und Grabbowe. Diese liegen von Pölbitz an muldenabwärts der Reihe nach so, wie sie in der Urkunde aufgezeichnet sind. Die beiden letzten müssen wir rechts des Flusses zwischen dem Mülsen- und Lungwitzbach suchen; (Nieder-) Schindmaas links der Mulde war damals entweder noch ein von der Gaukirche losgekommenes, also selbständiges Kirchspiel wie Mosel, oder es gehörte schon als Filial zu Mosel. Und Gesau war ein Bestandteil der Kirchfahrt Meerane. Im Jahre 1482 werden urkundlich Wiesen unterhalb des verlassenen Dorfes Nawendorff erwähnt und 1490 ein Acker unter Nawndurff.

Diese ehemalige Siedlung befand sich unterhalb des Schindmaaser Wehres, dort, wo noch heute die

Bezeichnung »Naundorfer Wiesen« an sie erinnert, und war, das sagt uns der Name »neues Dorf«, eine deutsche Gründung. Angelegt vielleicht an der Stelle einer eingegangenen slawischen, wofür die Einteilung der dortigen Feldflur spricht. Der Name könnte sich aber auch auf den Gegensatz zu dem älteren Grabbowe beziehen. ...«

Anmerkung: Die Urkunde Dietrichs ist leider verloren gegangen.

GRABOWE UND NAUNDORF

An dieser Stelle möchte ich ein Plädoyer für alle
ehemaligen Chronisten halten. Sie haben, wie ich,
geprüft und nach einer Erklärung für das Verschwinden Grabowes gesucht. Es ist scheinbar spurlos
verschwunden. Hier wird deutlich, daß Dokumente
auch kein zuverlässiger Partner der Wissenschaft
sind. Entweder: Jemand hat versäumt, einen so wich-
tigen Vorgang aufzuschreiben, oder, das Dokument
ging verloren – oder : Jemand hat es verschwinden
lassen.

Dem Chronisten bleibt in so einem Fall nur die
Phantasie. Und dann noch einmal gewissenhaft alle
Quellen prüfen!

Wüstungen sind Rätsel, die die Vergangenheit uns
aufgibt. Berlet inspirierte mich besonders durch den
zuletzt zitierten Satz, der Name Naundorf könne sich
auf den Gegensatz zu dem älteren Grabowe beziehen.
Ja, und dann entdeckte ich eine Karte mit ungewöhn-
lich vielen Flurnamen, fast alle Mäanderbogen der
Mulde fand ich besetzt, Grabowe fehlte.

Im Meilenblatt Nr. 86, von dem hier die Rede ist, ist
Naundorf westlich von Albertsthal verzeichnet, in
dem oberhalb liegenden Mäander das »Badehaus«,
flußabwärts »das alte Haus«, »das Spitel Weidig«, »die
Rathsleite« und unmittelbar bei Albertsthal die
»Naundorfer Wiesen«, denen sich »die Wehrwiese«,
»die Mühlwiese« und »die Hamer Wiese« anschließen.

Die letzten Hinweise auf Grabowe rühren vermutlich aus den Jahren 1517 (»... ein garten zcw Grabe«) und 1519 (»ein krawtgarthen zu Grabe, ein garthen zu Grabe gensit der Wasserprucke«) her, vorausgesetzt, Grabe und Grabowe bezeichnen ein und dieselbe Siedlung.
Im Meilenblatt ist »der Köhlergarten« verzeichnet, am jenseitigen Ufer nördlich von Naundorf; als Bewies für die Existenz für Grabowe reicht das sicher nicht.

Grabowe hat schon immer die Gemüter erhitzt. Aber: Wären beide Dörfer aus dem gleichen Grund und etwa zur selben Zeit wüst geworden, so würde auf der von mir entdeckten Karte nicht nur der Name Grabowe fehlen. Der Gedanke, daß die Bewohner des neuen Dorfes die ehemaligen Siedler verdrängten, liegt nahe.

Die weitere Stadtgeschichte bringt uns vielleicht Hinweise auf die Gründe für das Wüstwerden von Naundorf.[*]

Karte: T: No LXXXIV.S – Meilenblatt Hist. Staatsarchiv Freiberg
[*] Siehe Annalen 1318!

»LEONHARD DER JUNGE WENDE HATT EYNN GARTEN ZU GRABE GENSIT DER WASSERPRUCKEN«

– einen Garten am Graben oder einen Garten zum Graben? Oder? –

In der Unterstadt Glauchaus, am Wehrdigt, gibt es noch heute zwei Gassen mit dem Namen, »Am Graben«. Unterhalb vom Schloß steht ein großes altes Haus, Schloßmühle genannt, obwohl schon längst nicht mehr gemahlen wird. Doch das Wasser des alten Mühlgrabens fließt noch hinter dem Haus; Wasser von der anderen Seite tropft hinein, tropft aus einem Rohr in den Graben, in dem Wildenten gründeln. Der Weg vom Schloß zur Mühle führte vor Jahren noch über eine kleine Brücke; aber der Mühlgraben war zum Müllgraben geworden, er wurde bis zur »Mühle« hin zugeschüttet. Die Brücke verwandelte sich in einen gewöhnlichen Weg. Dieser Weg führt zu einem Ortsteil von Glauchau zwischen den beiden Gassen »Am Graben«. Die Marienstraße verbindet die beiden Gassen miteinander, und hinter den Häusern liegen die Gärten – Grabeland.

Die Quelle im Hammerteich und eine Quelle im Hirschgrund sind nahe. Holz für den Bau der Hütten wuchs am Hang und im ganzen Grund. Es war ein guter Platz zum Wohnen. Als die Bäume »geschlagen« waren, und die Stubben als Brennholz für den Winter gerodet, konnten die Menschen graben, hatten einen Garten für Kraut und Obst. Gärten entstanden so auch an anderen Plätzen in der Stadt oder außerhalb.

»Zu Grabe« wird in den Akten des 16. Jahrhunderts oft zusammen mit Gärten und Äckern gebraucht.

Wir könnten glauben, den Wohnort Grabowe habe es nie gegeben, denn es erscheint 1248 nur ein »Ritter von Graben«[1], und das Wort »Grabbowe« (1219 als Sprengel[2] der Kirche in Zwickau-Osterwin gehörig) ist vielleicht auch nur eine Bezeichnung für Grabeland in der Muldenaue. Grabowe – Grabaue könnte auch einen Ort für Gräber bedeuten. Jedenfalls ist Grabbowe nur die slawische Form von Grabouwe: gotisch Graba; althochdeutsch grab (auch zu Höhle)
– grab: in die Erde gegrabene Vertiefung zur Bestattung von Toten
– gra**bb**au (!)

> »wasz helfen dich denne alle schöne husz
> wen man dich threyt czu der thor her usz.
> dyr musz genügen an dynen dang
> an eyme grabe söben fusze lang.«

– zu grabe (zum grabe) tragen
(Wörterbuch der Brüder Grimm)
»er hat eynn garten zu grabe« kann demnach bedeuten: Er hat einen Garten am Friedhof, oder, er hat eine Grabstelle gekauft; wie es auch heute noch üblich ist. –

In Glauchau hat es oft gebrannt, darum können Urkunden als Zeugnisse für Ursprüngliches nicht ausreichen. Zudem kennen wir schriftliche Zeugnisse in deutscher Sprache erst seit dem 8. Jahrhundert. (Die »Abrogans«)[3]

---

[1] Der »Ritter vom Graben« könnte der Herr des Raubschlosses an der »Wahl« gewesen sein.
[2] Sprengel = Amtsbezirk, besonders des Bischofs
[3] Quelle: Althochdeutsche Literatur, Von der Benediktinerregel zum »Ezzolied«, Union Verlag Berlin 1979

ANNALEN
15. JAHRHUNDERT

Aus der Chronik von Ernst Eckardt

1402
geschah wieder eine Schlacht in der Mülsen wegen des
Grafen von Rheinick, in der viel Volk erschlagen
wurde.[1]

1406
war ein großes »Landsterben«, das im Sommer anfing
und bis Weihnachten andauerte.

1407
(Am 14. Februar, mittags 12 Uhr, ließ der Rat von
Zwickau nach »hochnothpeinlichem halsgericht« und
mit Zustimmung der Gemeinde und Handwerker den
Stadtrichter Franz Steussing auf dem Markte ent-
haupten. Franz Steussing war Mitglied des Rates
gewesen. Er hatte dem markgräflichen Voigt Konrad
Brückner über geheime Ratsverhandlungen berichtet.
Brückner hatte den Stadtrichter bestochen und
konnte so die Bürger gegen den Rat aufhetzen und
ihm »in aller Weise« entgegenarbeiten. Obwohl
Bürgermeister, hatte Steussing mit den Raubrittern
einen geheimen Vertrag geschlossen und so einen von
den Bürgern geplanten Angriff auf die »Placker« zu-
nichte gemacht. Die Raubritter konnten mit der Beute
»vor aller Augen« abziehen. Der Voigt Brückner hatte
erreicht, daß dem Rat vom Markgrafen die Stadt-
gerichte entzogen wurden. Der Rat beauftragte
Deputierte, mit dem Voigt zu unterhandeln, darunter
Streussing. Dieser besprach sich heimlich mit dem

Voigt und erhielt die Stadtrichterstelle selbst. Als er die Abgaben, Zölle und Geleite ums Dreifache erhöhte und dadurch den Verkehr bedeutend schädigte, erbitterte das Rat und Bürgerschaft. Als nun der Markgraf Wilhelm von Meißen gestorben war, ließ der Rat den Steussing gefangen setzen. Der neue Markgraf Friedrich der Streitbare befahl den Bürgermeister Peter Mergental und drei Ratsherren nach Meißen. Sie wußten, was ihnen bevorstand und nahmen ihre Sterbekleider mit. Am 10. Juli wurden sie »unter dem roten Thurme auf der Burg enthauptet«.)

1410

23. Januar. In Thüringen und Meißen wütete der Sturm. Tausende Häuser wurden beschädigt, Vieh und Menschen erschlagen.

1416–1424

Sehr teuere Zeit.

1420

war ein gelindes Frühjahr. Kirschen und Erdbeeren reiften im April, die Rosen blühten. In diesem Jahr kam Peter Dresdensis, ursprünglich ein Waldenser[2], nun Anhänger und Freund des Johannes Huß, als Schulmeister nach Zwickau (bis 1430).[3] Durch ihn kam die hussitische Lehre in unsere Gegend. Er forderte den Kelch im Abendmahl für die Laien, wobei ihm Joh.6.,53. entscheidend war. Auch die Lehre vom Fegefeuer und die Seelenmessen, die beste Einnahmequelle der Priester waren, soll er bekämpft haben.

1425

(Waldenburg brannte bis auf 2 Häuser nieder.)

1426

Schlacht gegen die Hussiten bei Außig. Friedrich VIII.
von Schönburg fiel zusammen mit vielen Glauchau-
ern. Die Hussiten hatten Nordböhmen erobert und
belagerten am 6. Juni das von Meißnern besetzte
Außig an der Elbe. Die Kurfürstin von Sachsen,
Katharina, »sammelte« in Abwesenheit ihres Gemahls
ein Heer. Adlige und Bürger zogen ins Elbtal. 20 000
trafen auf der Bihanaflur auf die Hussiten, die sich in
ihrer Wagenburg verschanzt hatten. Die Hussiten, viel
geringer an der Zahl, suchten vor der Schlacht um
einen Vertrag nach, daß man der beiderseitigen
Gefangenen schonen wolle. Aber die Meißner, im
Gefühl ihrer Überlegenheit, wiesen sie ab. Unbedacht
soll nun auch ihr Angriff gewesen sein. Die Hussiten
schlugen sie von ihrer Wagenburg zurück. Brachen
dann aus derselben hervor und trieben sie in die
Flucht. Von den 20 00 bleiben 12 000 auf der
»Wahlstatt«. Als alles verloren war, pflanzten Grafen
und Herren die Meißner Fahne vor sich auf und
steckten, um Gnade flehend, ihre Schwerter in die
Erde. Es war umsonst. Sie wurden sämtlich niedergemacht.

1428

Glauchau wird von den »Waisen« und den Taboriten
(Hussiten) geplündert.

1430

Donnerstag nach dem »hohen Neuenjahr« kamen die
Hussiten nach Altenburg, das die Bewohner aber verlassen hatten. Zwei Tage lang wurde geplündert und
verbrannt. 7000 Mann unter Prokop dem Großen,
auch Prokop Holy d. i. »der Geschorene« geheißen,

zogen gegen Schmölln, Glauchau, Crimmitschau und
Waldenburg. Die Dörfer wurden verwüstet, die
Kirchen verbrannt, die Bauersleute erschlagen, die
Schlösser geschleift[4], die Städte gebrandschatzt und
geplündert. (Waldenburg, das gerade erst aus der
Asche entstanden war, brannte wieder.) In Glauchau
wurde »nur« geplündert. Bloß Zwickau widerstand.
Dann ging der Zug ins Vogtland. Über das Fichtel-
gebirge kehrten die Hussiten mit 3000 Wagen Beute
nach Böhmen zurück.

1431
Harter Winter. Alles lebte in Furcht vor den Hussiten.

1432
Um Johannis war nach vielem Regen eine der größten
Überschwemmungen. In Rochlitz, Colditz und
Grimma wurden die Brücken weg-»genommen«. In
diesem Jahre soll abermals eine Hussitenschar vor
Glauchau erschienen sein. Als sie aber eben im
Begriff gewesen, die Stadt zu erstürmen, habe sie das
»Beben« (Blasen) des Türmers erschreckt. Sie hatten es
wohl für das Signal anrückender Feinde gehalten und
zogen darum schleunigst ab.

1433
Überschwemmung. Die ganze Aue stand unter Wasser.
Die Nässe verdarb viel Getreide; dem wenigen, das
übrig blieb, schadeten Hamster und Mäuse.

Der Kornpreis stieg von 9 Groschen auf 60 Groschen.
Die Hussiten waren wieder ins Vogtland eingefallen
und suchten von dort aus die hiesige Gegend heim.
Handel und Wandel lag jämmerlich. Die Menschen
erschreckte ein großes Sterben.

1437
(Der Rat von Waldenburg kaufte ein Haus; es wurde
das erste Rathaus von Waldenburg.)

1438
In Glauchau starben viele Menschen.

1439
Von der Ernte bis Weihnachten wieder großes
Sterben; wer von der Seuche befallen wurde, schlief
3 Tage und 3 Nächte, und wenn er erwachte, begann
der Todeskampf. Die Juden wurden verfolgt und
ermordet. Die Schuld dafür wurde Kurfürstin
Margaretha, der Gemahlin Friedrich des Sanftmütigen, gegeben.

1442/43
Strenger Winter mit 36 »Schneen«. So tief lag der
Schnee, daß man weder zu Fuß noch zu Pferde
fortkonnte. Alle Gewässer waren zugefroren. Es gab

nicht genug Brot. Die »Landleute« fütterten ihr Vieh
mit dem Stroh ihrer Dächer. Noch zu Walpurgis
(1. Mai) 1443 lag »hoher« Schnee.

1447
Heißer Sommer. Waldbrände.

1449
Bruderkrieg zwischen Kurfürst Friedrich dem
Sanftmütigen und Herzog Wilhelm von Thüringen.
Wilhelm zog auf dem Weg nach Chemnitz hier durch.
Seine »Völker« richteten großen Schaden an.

1450
Pestjahr. Herzog Wilhelms Hilfstruppen aus Böhmen
belagerten und zerstörten Gera. Bei ihren »Streiferei-
en« kamen sie auch nach Glauchau. Großer Schaden!

1451
Fast ein halbes Jahr lang regnete es . Von Walpurgis
bis zu Georgi. Es gab wenig zu ernten.

1453
Hier und jenseits der Mulde starben viele Menschen.

1456
Nach dem Fall von Constantinopel wurde vom Papst
Calixt III. wegen der Türkengefahr das Mittagsläuten
angeordnet. Es war eine Aufforderung zum Gebet.

1457

Pestjahr. (In Leipzig und Umgebung starben 8000 Menschen, in Rochlitz 1100.) Im Juli tritt die Pest auch in Glauchau auf, aber zum Glück nicht so heftig wie in der Nachbarschaft.

1458

geschah ein großer Wolkenbruch im Lungwitztal. Viele Häuser wurden zerstört, Menschen ertranken.

1459 wüteten heftige Sturmwinde. An Gebäuden entstanden Schäden.

1462

Die Herren von Schönburg, Veit II. und Friedrich IX., beide streng katholisch, ließen viele Anhänger der hussitischen Lehren als Ketzer bestrafen (s. 1420). Sie wurden mit Gefängnis und harter Qual »belegt«; doch konnte man ihnen nichts vorwerfen, als daß sie es mehr mit den Hussiten als mit den Mönchen »hielten«. Auch in Zwickau und Crimmitschau verfolgte die kurfürstliche Regierung die Anhänger der neuen Lehren. – Zu Michaelis kamen pestartige Seuchen und blieben bis ins nächste Jahr. Alles wurde teurer.

1468

Ein kühler und nasser Sommer verdarb das Korn; das Heu verfaulte auf den Wiesen. (Crimmitschau wurde durch Feuer zerstört.)

1472

Auf einen harten Winter folgte ein warmer Frühling. Zu Pfingsten konnte man Kirschen pflücken. Dann fiel bis zum 8. September kein Tropfen Regen.

Im Erzgebirge entzündeten sich die Wälder. Tausende von Menschen versuchten zu löschen, aber es half nichts. Endlich regnete es wieder. Aber viele verhungerten und starben auf den Straßen; die Pest wütete im Pleißnerland. Es gab Städte, wo alle Liebe ein Ende hatte. Unbarmherzigkeit und Grimmigkeit nahmen zu. Ein Nachbar verließ den anderen, Männer verließen ihre Weiber, Weiber ihre kranken Männer. Kinder ließen ihre Eltern und Eltern Ihre Kinder im Elend liegen – aber Glauchau blieb verschont.

1473
Große Dürre und Waldbrände. Am 15. August floß wieder viel Wasser die Mulde hinunter. (Zu der Zeit fing in der Gegend um Hohenstein der Bergbau wieder an. Der Bergsteiger Nicol Staude betrieb das Werk, das mitten durch die spätere Stadt ging.)

1474
Am Tag Petri und Pauli erhob sich ein starker Sturm, richtete viel Schaden an und riß sogar Kirchtürme um.

1479
Der Rat von Glauchau borgte von dem Rat in Zwickau 400 fl., die erst nach 355 Jahren (!) mit großer Mühe wieder bezahlt worden sind (am Sonnabend nach dem heiligen Kreuzerhöhungstag).[5] Auf einen Winter ohne Schnee folgte ein sehr trockener Sommer. (Die Mühlen konnten nicht mahlen.) Aber es war ein fruchtbares Jahr. Ein Scheffel Hafer kostete 4 Groschen, 1 Schock Eier zwei Groschen, ein Lammesbauch 5 Groschen und ein Huhn galt einen halben Pfennig.

1481
Brot und Viktualien waren hier sehr wohlfeil, obgleich anderswo Teuerung herrschte.

1482
(Ein großer Brand verheerte Waldenburg, der dritte in diesem Jahrhundert. Darauf mußten die Töpfer Waldenburgs von der Mittelstadt in die Altstadt-Waldenburg ziehen, denn ihr Handwerk war gar zu feuergefährlich.)

1485
traten Seuchen auf. Zu Weihnachten konnte man pflügen und das Vieh austreiben.

1486
Der Winter kam und ging bis Fastnacht, und der Frost dauerte bis Sonntag »Cantate«[6]. Zu Fastnacht ergoß sich die Mulde so sehr, daß sie den Floßrechen von Zwickau mitbrachte. Neue Krankheiten traten auf: der Scharbock und der englische Schweiß. Der Schweiß wirkte meist tödlich, oft binnen 24 Stunden. Die Symptome waren Fieber mit unregelmäßig anhaltendem übelriechendem Schweiß, Kopfweh, Schwindel und Herzklopfen.

1488
Der Schloßturm stürzte ein. In diesem Jahr machte der Stadtschreiber Andreas Meynhard sein Testament. »Sein Körper soll auf dem Friedhof St. Georgen[7]

bestattet werden. Jeder der Priester, die zu den Vigilien[8] und zum Begräbnis kommen, soll 3 Groschen erhalten; aber Matthies Schilling 1 fl.; der Notar, der das Testament fertigt, 1 fl. und die Liberei (Bibliothek) der Kirche St. Georg 2 Predigtbücher: vita patrum und sermones Albertie de Padua. Das silberne »Pacifical« soll dem Altar der 10,000 Ritter zu Zwickau gehören; dazu 5 fl. 20 Groschen, die ihm Lorenz Ziegler zu Zwickau schuldet, ein Meßbuch oder was sonst dem Altar notwendig ist, gekauft und überschickt werden. Für denselben Altar »etzliche Calendonien« (Kleinodien) gefaßt in Silber, (die er auf seinem »Heiltagerocke« zu tragen pflegte). Alle Kleider und Bücher vermachte er seinem Sohne, und dem Kapellan zu Glauchau 10 Groschen. Von 1 ¼ Kux, die er in St. Katharinen zu Buchholz besaß, vermachte er einen halben Kux seiner Mutter, daß sie damit für ihrer Seelen Seligkeit sorge oder ihn sonst (wie) verwende. Wenn sie aber bis zu ihrem Tode nicht verfügt habe, so solle er dem armen »Maidichen«, das jetzt bei seiner Mutter sei, »folgen«. Die andere Hälfte vermachte er seinem ehelichen Weib und den Viertelkux seinem Sohne. Von einem Kapital, 20 fl. an Gold, das ihm Georg Herfurth , ein Bürger aus Zwickau schuldete, bestimmte er 5 fl. der Kapelle St. Nicolai, »auswendig« der Mauern zu Glauchau[9]; je 1 rh. fl. in die 3 Hospitäler zu Zwickau; das Geld soll unter die armen Menschen verteilt werden. 1 fl. dem Altar »coporis Christi« der Kirche St. Georg zu Glauchau, und den Rest seinem ehelichen Weibe, derselben auch ein Kapital von 20 fl., daß ihm Herr Ernst von Schönburg (d. ält.) schuldig war (als verdienten Lohn für die 2 Jahre, die er sein Amtmann auf dem Hartenstein gewesen; weil er nicht mehr als

20 Groschen empfangen hat, den Tag, da Hildebrand Trützschler von Stein ein Kind zum Hartenstein aus der Taufe gehoben hat). Seine Ehefrau soll die Hälfte ihres väterlichen Erbes, das sie zu ihm gebracht, mit ihrer leiblichen Mutter teilen, und von den 9 Schock, die noch zu Schindmaas auf dem Erbe stehen, ihrer Mutter 6 Schock »folgen« lassen, von wegen der mannigfaltigen Güte, die sie (die Schwiegermutter!) ihm in sonderlicher Liebe zugewandt hat. Alle andern Güter, das Haus, von dem besonders gesagt wird, das es eine Winterstube[10] enthalte, Hausgeräte, außenstehende Schulden oder bares Geld vermachte er seinem Weibe, dessen größten Teil er bei ihr gefunden, obwohl er auch einen Teil durch seine große Mühe und mannigfaltige Dienste erworben. Er stiftete ferner 1 Seelbad[11] und eine Spende: »die armen Menschen sollen gespeist und getränkt werden, das allerbeste Bier, das in seinem Keller gefunden wird, und jedem 1 Pfennig und ein Pfennigbrod.« – »Im Beisein: Matthes Schilling, Prediger, Andreas Margkot, Capellan, beide in Glauchau, Hans Weber, Priester in Schlunzig. Als Testamentsvollstrecker sind genannt: Nicol Sporner, Bürgermeister, Ludwig Winkel, Thomas Thalheim und Georg Pothig, Rathsmänner. Notar ist Heinrich Hendel (wahrscheinlich der Presbyter zu St. Nicolai, S. 310).«

1491
am 5. Februar war eine große Eisfahrt. Das Eis türmte sich an der Brücke und wurde weit ins Feld getragen. Zu Pfingsten entstand große Teuerung. Ein Scheffel Korn, der 9 Groschen gekostet hat, kam auf 60 Groschen. Damals fing man an, statt nach Schock Groschen nach Gulden zu handeln. Am 26. Juni war

wieder Überschwemmung. Eine Brücke wurde
zerstört; in der Lungwitz ertranken 36 Menschen.

1493

war ein heißer Sommer. Ein fetter Ochse galt drei fl.,
zumal da auch polnisches Rindvieh herein kam.

1494

Am 24. März wurde Georg Bauer (Agricola) geboren.
Vater: Gregor Bauer; Mutter: Vorname unbekannt.[12]

1497

Es entstehen immer mehr Bergwerke. Am Annaberg
wird der Grundstein gelegt.

1499

war überaus wohlfeile Zeit. Die Kanne Wein galt
3–4 Gr., der Scheffel Korn 4–5 Gr., Gerste 2 1/2 Gr.,
Hafer 1 1/2 Gr., 6 Eier 1 Pf., 1 Pfund Wachs 3 Gr.,
1 Faß Bier 1 fl. 8 Gr.

1500

Überschwemmung: Am 1. Mai trat nach starkem
Regen die Mulde über die Ufer ...

[1] Es ging wohl gegen Raubritter und »Landplacker« – siehe auch 1348
und 1407!

[2] Weltgeschichte in Daten: Petrus Waldes, Kaufmann in Lyon, gibt
entsprechend den urchristlichen Idealen seinen Besitz auf und beginnt
ohne Erlaubnis der Kirche zu predigen. Er leitet damit die Entwicklung
der Sekte der Waldenser ein, der zweiten großen hochmittelalterlichen
Ketzerbewegung, neben den Katharern. Unter Berufung auf das
urchristliche Armutsideal verurteilten sie die reiche feudalisierte

Kirche. Katharer: auch Albigenser genannt, nach Albi, einer Stadt in Südfrankreich. (Albigenser sollen durch unterirdische Gänge vor den Kreuzrittern des Papstes geflohen und bis nach Tirol und ins Erzgebirge gelangt sein. d. A.)

[3] E. Eckardt schreibt Rektor, aber diesen Begriff gibt es erst seit dem 16. Jahrhundert.

[4] geschleift = zerstört

[5] Kreuzerhebungstag = 14. September; Sonnabend danach: 18. September

[6] Sonntag Cantate = 23. April 1486

[7] E. Eckardt: Da hier der Kirchhof von St. Georg als ein besonderer genannt wird, beweist dies, daß es damals noch einen anderen gegeben, aber auch, daß um die Hauptkirche noch 70 Jahre vor der Anlage des Gottesackers am Niederthor Begräbnisse vorgenommen wurden. (S. 315)

[8] Vigilien, lat. Nachtwachen, nächtl. Gottesdienste, bes. vor Festtagen (Knaurs Konversationslexikon 1932)

[9] die Stelle im Testament von Andreas Meynhard belegt die 1104 erwähnte Kirche

[10] Winterstube: Daraus läßt sich schließen, daß eine warme Stube im Haus zu der Zeit nicht selbstverständlich war.

[11] Seelbad: ›ein bad so gewissen armen leuten im testament vermacht worden, der seele der verstorbenen zum besten; Frisch: (durch testament gestiftetes freies bad für arme leute, gewöhnlich in einer bestimmten badstube an festgesetzten tagen, vielfach mit einer speisung verbunden, daher dann auch testamentarische stiftung, spende für die armen überhaupt)
seel-bad, eine spende, auch ohne bad, das einer als ein ewiges seelgeräth für arme gestiftet. eine collation nach der virgilia mit essen und trinken (bewirtung ohne bad)‹
Pfennigbrod: ›brot, das einen pfennig kostet, pfennigbrot (pfennigsemmel ...)‹ aus dem Wörterbuch der Brüder Grimm
Presbyter = Ältester oder Vorsteher der urchristlichen Gemeinde, später Priester (Knaurs Lexikon 1932)

[12] Zur Zeit E. Eckardts wurde die Geburt Agricolas im Brockhaus'schen Konversationslexikon und dem Pierer'schen Universallexikon irrtümlich für das Jahr 1490 angegeben.

MEISSEN UND THÜRINGE

Karte von Sebastian Münster
Höhe 116 mm, Breite 151 mm, Norden obe

Diese kleine Holzschnittkarte (in der Buchn
die älteste gedruckte Darstellung der sächs.-
Länder. Ihr Zeichner ist der berühmte Kosr
Sebastian Münster, geboren 1489 zu Niede
am Rhein, gestorben 1552 als Professor der
hebräischen Sprache an der Universität Ba
Holzschneider ist unbekannt. Die Karte er
Verlag von Heinrich Petri und dessen Erbe
seit 1550 in allen deutschen und lateinisch
Auflagen von Münsters großer Kosmograpl
deutsche Ausgabe 1550, 1553, u. 1558; S. ¢
S. 1000 ...)

Sie stellt in groben Zügen nicht ohne be
Irrtümer in der Anordnung der Ortschafte
Länder zwischen Weser und Elbe, Eger un
Gradangaben und Meilenzeiger fehlen. H;
ist die Germania des Christoph Pyramius,
Kupferstichkarte, die 1547 zu Brüssel gedi
und von der sich, wie es scheint, nur ein e
Exemplar in der ehemaligen Universitätsb
Helmstedt erhalten ist.

Auffällige Übereinstimmung besteht fer
einer in der Königlichen Öffentlichen Bib
Dresden befindlichen Holzschnittkarte de
Zeelius »Ein neuw und eygentliche Besch
Teutschen Lands«, die allerdings erst 156
Straßburg erschien. (v. Hantsch, Sebastia
Leipzig 1898 S. 118.)

PETER GRUBER

DIE KINDER- UND JUGENDJAHRE AGRICOLAS

Agricola, so übersetzte der junge Georg Bauer seinen Namen ins Lateinische. Die Lateinbücher waren die gehüteten Schätze des Jungen; an einer Stelle hatte er seinen Namen in Latein auf den Rand geschrieben: Georgius Agricola. Wegen der häufigen Übersetzungsübungen nannten sich die Schüler oft bei ihren lateinischen Namen. Als Agricola am 24. März 1494 geboren wurde, lebten die Eltern in guten wirtschaftlichen Verhältnissen. Die Familie wohnte schon zu dieser Zeit in der Nicolaigasse. Gregor Bauer, der Vater, seines Zeichens Tuchmacher, arbeitete fleißig und legte sich und seiner Familie allerlei Pflichten auf, die weniger dem wirtschaftlichen Auskommen als seinem Ansehen beim Rat und der Schönburgischen Herrschaft dienten. So wird er zum Beispiel 1493 wegen seiner Fronverpflichtung zugunsten der Herren von Schönburg-Glauchau erwähnt. Gregor Bauer bewegte eine Idee: die Idee der Bildung. Er hatte sie schon im Vaterhaus mitbekommen, nur war es ihm nicht vergönnt gewesen, eine höhere Bildung zu erlangen und ein Studium aufzunehmen. Seinem Bruder Martin, der den späteren Lebensweg des Georg Agricola wesentlich beeinflußt hat, war dies vermutlich gelungen. Dieser Stachel mag den Grundsatz gefestigt haben, jedem seiner Söhne den Besuch der Lateinschule und der Universität zu ermöglichen. Darin äußerte sich auch das Grundgefühl des Humanismus, der in Deutschland seit zwei Generationen als anregendes Ereignis bis in die Kleinstädte wirkte.

Noch litten jene, die vom Ideal des erkennenden, gestaltenden und erlebenden Menschen erfüllt waren, unter dem Halbwissen stupider Kleriker und der schalen Bildung der Scholastiker. Die recht kleine Glauchauer Parochialschule, von Ernst I. von Schönburg 1480 gegründet, hatte sich wegen der guten musikalischen Ausbildung ihrer Schüler einen beachtlichen Ruf erworben. Sogar Schüler von außerhalb suchten um Aufnahme nach, unter ihnen auch der aus Zwickau stammende Stephan Roth. Seine Aufzeichnungen aus jener Zeit sind erhalten geblieben; der gewissenhafte Schüler hat die künstlerischen Anschauungen und praktischen Unterweisungen des ungenannten Lehrers sorgfältig niedergeschrieben. Die »disciplina ecclesiastica« und »artes liberales« definierten die beiden Komplexe des Unterrichts.

Agricola las die bewährten Lateingrammatiken der Donatius, Priscianus und Sulpicius, die sein Bruder Franciscus Jahre zuvor ausdauernd diktiert hatte. In der alten Grammatik des Priscianus fehlten die griechischen Stellen, erst später wird er sich dafür genauer interessieren. Saß die Grammatik, versuchten sich die Schüler an Cicero, Sallust und Terenz. Agricola hat sicher auch schon die Wimphelingsche Anthologie kennengelernt, die dem Lateinunterricht eine größere Abwechslung verschaffte. Üblich war es auch, Sätze aus der Bibel einer Versübung unter-zulegen und auf diese Weise Hexameter und Penta-meter zum geläufigen Wissen des Schülers zu machen. Die freudige Hingabe im Unterricht, die intensive Beschäftigung mit dem Stoff und die Lust am Kon-struieren und Exponieren, wodurch dem Lateinischen erst Leben eingegeben wird, zeigten den Lehrern ein überdurchschnittliches Talent an. Der Junge war gewandt und zugreifend, auch willensstark; schon damals wurden solche Eigenschaften einem Realisten zugeschrieben. Gregor Bauer hatte seinen Söhnen zudem, wohl als unverzichtbare Lebensnotwendigkeit, einen gesunden Verstand und den Sinn für den eigenen Nutzen mitgegeben.

Im Jahre 1505 brannten die Kohleflöze bei Zwickau, deren Abbau bereits vor der Jahrhundertwende begonnen hatte. Das Ereignis wird von Glauchau aus gut zu beobachten gewesen sein, und der elfjährige Junge wird wohl mehrfach diesem geheimnisvollen Vorgang zugeschaut haben; die Einzelheiten des Geschehens werden ihm erst bei seinem späteren Schulbesuch in Zwickau bekannt geworden sein. »Nicht anders als Ätna und Vesuv brannte der Berg und spie Flammen aus, so daß man in der Stadt selbst in Furcht geriet, die doch 3 (römische) Meilen (4,5 km) entfernt liegt.«

Lorenz Bärensprung, ein früher Freund des Erasmus von Rotterdam, war 1497 im Alter von 27 Jahren, nach dem Studium in Paris und Leipzig, als Magister artium nach Zwickau zurückgekehrt und hatte die Stelle als Schulmeister an der Lateinschule übernommen. An der Pariser Universität gab es das Kollegium für die drei alten Sprachen (Latein, Griechisch und Hebräisch), das vom König unterhalten wurde. Bärensprung war an der philosophischen Fakultät eingeschrieben und hatte auch die drei alten Sprachen studiert. Davon inspiriert, verfolgte er nach seiner Rückkehr die Einrichtung einer neuen Schule

Kirche. Katharer: auch Albigenser genannt, nach Albi, einer Stadt in Südfrankreich. (Albigenser sollen durch unterirdische Gänge vor den Kreuzrittern des Papstes geflohen und bis nach Tirol und ins Erzgebirge gelangt sein. d. A.)

[3] E. Eckardt schreibt Rektor, aber diesen Begriff gibt es erst seit dem 16. Jahrhundert.

[4] geschleift = zerstört

[5] Kreuzerhebungstag = 14. September; Sonnabend danach: 18. September

[6] Sonntag Cantate = 23. April 1486

[7] E. Eckardt: Da hier der Kirchhof von St. Georg als ein besonderer genannt wird, beweist dies, daß es damals noch einen anderen gegeben, aber auch, daß um die Hauptkirche noch 70 Jahre vor der Anlage des Gottesackers am Niederthor Begräbnisse vorgenommen wurden. (S. 315)

[8] Vigilien, lat. Nachtwachen, nächtl. Gottesdienste, bes. vor Festtagen (Knaurs Konversationslexikon 1932)

[9] die Stelle im Testament von Andreas Meynhard belegt die 1104 erwähnte Kirche

[10] Winterstube: Daraus läßt sich schließen, daß eine warme Stube im Haus zu der Zeit nicht selbstverständlich war.

[11] Seelbad: »ein bad so gewissen armen leuten im testament vermacht worden, der seele der verstorbenen zum besten; Frisch: (durch testament gestiftetes freies bad für arme leute, gewöhnlich in einer bestimmten badstube an festgesetzten tagen, vielfach mit einer speisung verbunden, daher dann auch testamentarische stiftung, spende für die armen überhaupt)
seel-bad, eine spende, auch ohne bad, das einer als ein ewiges seelgeräth für arme gestiftet. eine collation nach der virgilia mit essen und trinken (bewirtung ohne bad)«
Pfennigbrod: »brot, das einen pfennig kostet, pfennigbrot (pfennigsemmel ...)« aus dem Wörterbuch der Brüder Grimm
Presbyter = Ältester oder Vorsteher der urchristlichen Gemeinde, später Priester (Knaurs Lexikon 1932)

[12] Zur Zeit E. Eckardts wurde die Geburt Agricolas im Brockhaus'schen Konversationslexikon und dem Pierer'schen Universallexikon irrtümlich für das Jahr 1490 angegeben.

MEISSEN UND THÜRINGEN

Karte von Sebastian Münster
Höhe 116 mm, Breite 151 mm, Norden oben

Diese kleine Holzschnittkarte (in der Buchmitte) ist die älteste gedruckte Darstellung der sächs.-thür. Länder. Ihr Zeichner ist der berühmte Kosmograph Sebastian Münster, geboren 1489 zu Nieder-Ingelheim am Rhein, gestorben 1552 als Professor der hebräischen Sprache an der Universität Basel. Der Holzschneider ist unbekannt. Die Karte erschien im Verlag von Heinrich Petri und dessen Erben in Basel seit 1550 in allen deutschen und lateinischen Auflagen von Münsters großer Kosmographie (z. B. deutsche Ausgabe 1550, 1553, u. 1558; S. 848, 1569; S. 1000 ...)

Sie stellt in groben Zügen nicht ohne beträchtliche Irrtümer in der Anordnung der Ortschaften die Länder zwischen Weser und Elbe, Eger und Harz dar. Gradangaben und Meilenzeiger fehlen. Hauptquelle ist die Germania des Christoph Pyramius, eine große Kupferstichkarte, die 1547 zu Brüssel gedruckt wurde und von der sich, wie es scheint, nur ein einziges Exemplar in der ehemaligen Universitätsbibliothek zu Helmstedt erhalten ist.

Auffällige Übereinstimmung besteht ferner mit einer in der Königlichen Öffentlichen Bibliothek Dresden befindlichen Holzschnittkarte des Heilrich Zeelius »Ein neuw und eygentliche Beschreibung des Teutschen Lands«, die allerdings erst 1560 zu Straßburg erschien. (v. Hantsch, Sebastian Münster, Leipzig 1898 S. 118.)

Anmerkung:

Sebastian Münster, 1489 in Ingelheim geboren, studierte in Heidelberg und Tübingen, wurde Franziskaner und bekannte sich 1529 zur Reformation. 1524–1527 Dozent der Hebräischen Sprache und Theologie in Heidelberg. 1528 Worms. 1529 Professor des Hebräischen in Basel. Bedeutender Kartograph. 1535 ließ er die erste vollständige hebräische Bibelausgabe mit Übersetzung erscheinen. 1544 erste der 46 Ausgaben seiner »Cosmographie«. 1552 starb er in Basel. Die »Cosmographie« ist die erste große deutsch geschriebene Weltkunde. Seine Arbeiten über Mathematik, Geographie und Bergbaukunde waren sicherlich der Grund für Kontakte zu Agricola. Bekannt ist ein Teil von Agricolas Brief an ihn vom 13. März 1549. (Siehe auch Prescher: Agricola, Band II)

Münsters Karte ist ein hervorragendes Zeitzeugnis aus dem Jahrhundert Agricolas.

der griechischen und hebräischen Sprache, die später durch die Unterstützung Stellas wirklich eingerichtet wurde. Zunächst lag Bärensprung daran, begabten Schülern Zwickaus und benachbarter Orte eine gediegene Schulausbildung zu ermöglichen und sie zum Studium an eine Universität zu schicken. Der schnelle Eintritt in eine Universität sicherte den beruflichen Aufstieg, spätestens mit zwanzig promovierte man im Baccalaureusexamen; und wer seine Studien weiterverfolgte, konnte kurze Zeit später den Magister machen. Zweifellos gehörte schon Franciscus Bauer zu den von Bärensprung geförderten Schülern. Agricolas älterer Bruder tauchte 1505 an der Universität Leipzig als »Franciscus Pawer de Gluch« auf. Er war sich seiner geistlichen Berufung sicher und wechselte zwei Jahre später an die Universität Wittenberg. Der Vater hatte bestimmt zum Wechsel geraten. Dem verschlossenen und in sich gekehrten Franciscus war das Leipziger Studentenleben fremd geblieben, das Raufen und Saufen der jungen Studenten hatte ihn eher erschreckt; er suchte nicht die Tür, die ins Leben führte. Wittenberg brachte ihm die notwendige Erleichterung, um das Theologiestudium zum Abschluß zu bringen. Luther hat er sicherlich noch kennengelernt. Der Theologe war, nachdem er schon vorher zeitweilig an der 1502 gegründeten Universität gelehrt hatte, seit 1512 vorwiegend in Wittenberg tätig. Im Frühjahr 1512 trat Franciscus Bauer als Priester den Dienst in Zwickau an. Er baute sein Häuschen abseits.

Agricola war schon 1510 an die Zwickauer Lateinschule gekommen. Er wird vermutlich die gleiche Förderung durch Bärensprung erfahren haben wie

vormals sein Bruder, auch wenn es dafür keine Belege
gibt. Die Bindung an Zwickau, das durch die Nähe zu
Schneeberg und die dominierende Rolle des Bergbaus
zu einem der wichtigsten Zentren Sachsens geworden
war, zu einer »Perle in den kurfürstlichen Landen«,
wie Kurfürst Friedrich der Weise urteilte, ist durchaus
wahrscheinlich; verschiedene Reisen des jungen
Lateiners nach Chemnitz, Leipzig und Magdeburg
und damit verbundene Schulbesuche haben eher der
Erkundung beruflicher Möglichkeiten gedient und
sind mit großer Wahrscheinlichkeit von Martin Bauer,
dem Onkel, finanziert worden. Der Teilhaber am
Schützschen Kupferhammer in Chemnitz, auch als
Sachverständiger in kaufmännischen Fragen in
Kachelofens Druck epistulae longiores von Niavis
schon 1494 genannt, hat wohl zeitig genug eigene
Pläne für den begabten Neffen entworfen. Der vielseitig interessierte Agricola wird diese Abwechslung
gerne wahrgenommen haben, zumal die Aufenthalte
an höheren Schulen von den Universitäten angerech-
net wurden. Die verhältnismäßig lange Schulzeit hatte
bei Agricola die günstigsten Voraussetzungen für ein
Studium gelegt. Mit zwanzig galt er schon als einer der
älteren, als er sich im Herbst 1514 an der Universität
Leipzig einschreiben ließ. Ein Jahr vorher war der
Bamberger Camerarius als Dreizehnjähriger an die
Universität gekommen und hatte sich noch im
gleichen Jahr mit Erfolg dem Baccalaureusexamen
unterzogen. Die Universität Leipzig war in den Jahren
um die Jahrhundertwende mit manchem Lobgedicht
bedacht worden, so von dem adligen Humanisten
Hermann vom Busche. Nur war das Lob wenig
verdient. Es hatte geraume Zeit gedauert, bis sich der
Humanismus durchsetzen konnte. Luther, der in

Erfurt studiert hatte, kannte die Misere der deutschen Universitäten und nannte sie, gemessen am Ansehen der Erfurter Universität, kleine »Schützenschulen«. Leipzig galt zwar als typografisches Zentrum, dennoch haftete der hier gedruckten Grammatik des Priscianus ein Makel an: ihr fehlten die griechischen Einfügungen. In Erfurt druckte man die Grammatik lückenlos seit 1501, Leipziger Drucker setzten die griechischen Auslassungen erst 1508 in den Text.

Agricola schrieb sich in die philosophische Fakultät ein. Sie war eigentlich nur zur Vorbereitung auf das Theologiestudium gedacht und lehrte die sieben Künste, weshalb sie auch die artistische genannt wurde. Der Lehrgang umfaßte Grammatik, Rhetorik, Dialektik (Trivium); Musik, Astronomie, Geometrie, Arithmetik (Quadrivium).

Obwohl den Vorlesungen noch immer die Bücher der Kirchenväter zugrunde lagen, stützten sich die humanistisch gesinnten Professoren mehr und mehr auf neue Werke, die im Original vorwiegend aus italienischen Druckereien an die Universitäten kamen, ihre Beschaffung war im Grunde nur eine Geldfrage. Wer sich als Humanist verstand, kam daran nicht vorbei. Seit 1489 galt die Druckerei des Aldus Manutius in Venedig als die bedeutendste Europas, die hier verlegten griechisch-lateinischen Klassiker erschienen in mustergültigen Ausgaben. Aldus gewann ständig junge begabte Mitarbeiter aus ganz Europa für die Herausgabe und gründete deshalb die wissenschaftliche Gesellschaft Neacademia, die später auch als Academia della Fama bekannt geworden ist. Agricola haben diese Bücher wohl so beeindruckt, daß er

schon während seiner Studienjahre den Wunsch
hegte, bei Aldus zu arbeiten oder zumindest eine Zeit-
lang an der Herausgabe eines Werkes mitzuarbeiten.
Diese Gelegenheit bot sich einige Jahre später.

An Gelehrsamkeit stand Agricola dem Bamberger
nicht nach, neben dem ohnehin verbindlichen Pen-
sum nahm er das Studium der griechischen Sprache
auf. Begierig suchte er nach Ausgaben der griechischen Klassiker. Im Jahre 1517 kam Petrus Mosellanus als Professor des Griechischen an die Universität
und gewann recht schnell die Sympathie der Studenten. Der erst Zweiundzwanzigjährige wurde regelrecht
gefeiert. Er nahm sich des hochbegabten Agricola an.
Gemeinsam lasen sie die Werke des Erasmus von
Rotterdam und des Aristoteles. Im Auftrag des
Freundes erteilte Agricola noch im gleichen Jahr
Griechischunterricht an der Universität. Unter den
Zuhörern saß auch der ehemalige Schulkamerad aus
der Glauchauer Zeit, Stephan Roth.

Stephan Roth wurde 1517 zum Rektor der Lateinschule in Zwickau berufen. Die Ratsherren Bärensprung und Mühlpfort hatten sich den aus Zwickau
stammenden Roth auserkoren, die längst beabsich-
tigte Schulreform in der Stadt vorzubereiten und zu
verwirklichen. Roth wird sich von vorn herein der
großen Aufgabe bewußt gewesen sein und sich nach
befähigten Lehrern umgesehen haben. Nach der
Wiederbegegnung in Leipzig fiel die Wahl logischer-
weise auf den langjährigen Freund. Vermutlich schon
im Februar des darauffolgenden Jahres hielt sich
Agricola einige Zeit in Zwickau auf, denn Caspar
Cruziger, Student in Leipzig, läßt ihn in einem Brief

an Roth vom 23. Februar (Dienstag nach Invocavit) Grüße bestellen. Für den noch immer nicht selbständigen Agricola mußte die angetragene Aufgabe eine recht günstige Gelegenheit sein, seine Fähigkeiten an hervorragender Stelle zu beweisen. Er täuschte sich nicht. Roth veranlaßte die Berufung Agricolas als Konrektor (Hypodidaskalos) nach Zwickau, und noch im Herbst trat Agricola die neue Stelle an. Die Freunde waren wieder zusammen und widmeten sich ihren Aufgaben. Agricola befaßte sich, angeregt von der »Paedologia« (1518) seines Lehrers und Freundes Mosellanus, mit dem »einfachen grammatischen Anfangsunterricht«. Das Büchlein geht letztlich weit über den beabsichtigten Inhalt hinaus und umfaßt Agricolas Vorstellung von der neuen Schule. Die Gründung der neuen wissenschaftlichen Schule war von einem längeren Hin und Her begleitet, das auf größere Meinungsverschiedenheiten innerhalb des Zwickauer Rates schließen läßt. Bürgermeister Stella war offenbar daran gelegen, Mosellanus als Rektor der Ratsschule zu gewinnen. Für Mosellanus war das Angebot kaum diskutabel, da er an der Leipziger Universität das Amt des Rektors anstrebte. Agricola wurde mit der Eröffnung der Griechischen Schule zu Ostern 1519 deren Rektor. Er stand im Dienste der Kirche und bezog ein Gehalt von 20 mfl, dem das Schulgeld von den vermögenden Schülern und die jährlich 30 mfl der Pfründe des Altarlehns St. Erasmi der Zwickauer Marienkirche zuzuschlagen sind.

Die Konzeption des Rates vom Ende 1519 sah schon die Zusammenlegung der Griechischen Schule und der Lateinschule vor, auch wenn der entsprechende Ratsbeschluß erst am 10. November 1520 zustande

kam. Für Roth dürfte die Entwicklung kaum über-
raschend gekommen sein; seinem Naturell nach wird
er sie eher gefördert haben. Nach der Vereinigung der
beiden Schulen zu Ostern 1520 und Agricolas
Amtsantritt als Rektor folgte der Vierundzwanzig-
jährige am 29. September (zu Michaelis) einer
Berufung nach Joachimsthal.

Die neue Schule, befreit vom klerikalen Korsett,
verstanden die Zwickauer Bürger nicht einhellig als
»Schule der Stadtkinder«. Agricolas kleines »Büchlein
vom einfachen grammatischen Anfangsunterricht«
wurde sechs Wochen nach Ostern, am 22. Mai, fertig,
er widmete es »den vortrefflich veranlagten Jungen
Paul Mühlpfort und Erasmus Bärensprung«, den
Söhnen seiner Förderer. Ganz im Geiste des Erasmus
von Rotterdam formulierte er den hohen Anspruch
der Schule und empfahl, die Kinder »zusammen mit
den Elementen der beiden alten Sprachen christliche
Frömmigkeit« zu lehren. Vor dem Hintergrund
wachsender Spannungen in der Stadt kann diese
Stelle auch anders interpretiert werden.

Johannes Rivius kam als neuer Lehrer der lateinischen Sprache nach Zwickau, für das Hebräische
verpflichtete der Rat Johann Förster, einen Augsburger, und der Schwabe Hieronymus Ropus hatte die
griechischen Dichter zu interpretieren. Da Griechisch
und Hebräisch an den meisten Schulen gar nicht
gelehrt werden konnte, gehörten zeitweise auch
promovierte Doktoren und Magister zu den Schülern.
Der Rat gewährte dem jungen, in hohem Ansehen
stehenden Rektor ein Gehalt von 200 mfl »inclusiv des
Schulgeldes, nebst freier Wohnung und Heizung«. In

Rivius fand Agricola einen vielseitig interessierten Freund, der ihn öfters zu Besuchen in das benachbarte Schneeberg mitnahm. Das Interesse an der Bergstadt war durchaus begründet, da die dort zutage geförderten Mineralien viele Aussagen alter Lehrbücher widerlegten, wenn nicht ohnehin Chemiker und Philosophen gegenteilige Ansichten geäußert hatten. Neben dem Interesse am Bergbau wird beide besonders die Verwendung der zahlreich gefundenen Metalle und Erden interessiert haben, auch die bei griechischen Autoren gepriesene Heilwirkung verschiedener Minerale.

Agricola sieht sich ja später im »Bermannus« zu der Bemerkung veranlaßt: »Wenn man das alles bei uns finden könnte, so vermag jeder leicht zu beurteilen, wie gerade dadurch die Heilkunst wieder auf den hohen Stand gebracht werden könnte, der ihr in der Antike eigen war.« Seine mineralogischen Kenntnisse dürfte er also bereits in Schneeberg und Zwickau erworben haben. Auch den Planitzer Steinkohlenbergbau haben Rivius und Agricola besichtigt. An Zeit mangelte es ihnen nicht, da der mittelalterliche Kalender eine reichliche Anzahl Feiertage vorschrieb.

Obwohl im Frühjahr 1521 die Differenzen in den Schulangelegenheiten durch die Annahme der neuen Schulordnung im Grunde ausgeräumt waren, gab es unter den Bürgern immer noch Diskussionen über Sinn und Zweck der neuen Schule. Außerdem war die

Schule, neben Kirche und Kloster, zum Ort theologischer Dispute geworden, die im Streit der Prediger Müntzer und Egran ihre Wurzeln hatten. Den in theologischen Fragen recht zurückhaltenden Agricola müssen diese Ereignisse tief getroffen haben. Wahrscheinlich war er schon fest entschlossen, nach Ablauf seines Anstellungsvertrages wieder an die Universität zu gehen. Bei einem Besuch in Leipzig traf er den Freund Mosellanus, der ihn zur Rückkehr ermutigte und ihm die Stelle eines Lektors anbot. Am Auerbachs Hof, der drei Jahre vorher begonnen worden war, standen noch die Gerüste. Der Mann, der ihn bauen ließ, der Mediziner Heinrich Stromer, bestärkte Agricola in der Absicht, sich der Medizin zuzuwenden. Er bot ihm sogar Quartier in seinem Hause an.

Der Magister Leonhard Nather, in Zwickau Agricolas Nachfolger, wurde für zwölf Jahre verpflichtet. Zu Walpurgis 1522 trat er das Amt an, doch schon wenige Wochen später begann das Niveau der Schule rapide zu sinken. Um sein Ansehen zu verbessern, brachte er 1523 die von Agricola stammende Schulordnung unter seinem Namen heraus. Sein Anstellungsvertrag wurde 1527 gelöst.

Georgius Agricola

III

DIE RÄUBERHÖHLE
AM SCHAFTEICH

Auf alten Karten ist nördlich von Glauchau ein
großer Teich eingezeichnet. Er lag an der
Mündung des Lungwitzbaches in die Mulde und
nahm fast den ganzen ebenen Raum zwischen den
beiden Flüssen und dem steilen Muldenhang ein.
Man brauchte eine halbe Stunde, ihn zu umlaufen.
In diesen Teich trieb man die Schafe vor der Schur.
Darum hieß er Schafteich und der angrenzende
Berg Scherberg. Nahe am Teich führte ein Stollen
tief in den Berg hinein. Dieser unterirdische Gang
wurde Räuberhöhle genannt. Es hieß: Es sei nicht
geheuer darin.

Einmal hütete ein Knabe eine Schafherde am Ufer des Teiches. Da lief ihm eine schwarze, goldgesprenkelte Henne über den Weg und verschwand in der Höhle. Am nächsten Tag kam die Henne wieder, und alles geschah wie am Tag zuvor. Als der Knabe am dritten Tag auf die Weide kam, trug er einen Wollknaul in der Hosentasche. Er wickelte den Faden um einen Stein, der vor der Höhle lag, und folgte der Henne in den Berg, als sie wieder gackernd vor ihm herlief; er dachte: Eine Henne, die gackert, legt auch Eier.

Das Knäuel war fast abgewickelt, da erblickte er ein Licht. Es waren aber die Augen eines schwarzen, zottigen, großen Hundes mit furchtbarem Rachen und scharfen Klauen. Und neben dem Hund stand ein Männchen in einem grauen Mäntelchen, das winkte ihm. Und wie er näher kam, da griff der Graumantel in den Sack und reichte ihm eine Hand voll Taler und sagte, er könne wiederkommen und neue holen, nur dürfe er keinem Menschen etwas verraten, sonst sei er verloren. Der Junge fand am Faden wieder hinaus. Gern hätte er die Taler seiner Mutter gebracht; aber er wagte es nicht. Eines Tages kaufte er sich Naschereien. Dann ging er wieder in die Höhle und holte neue Taler.

Der Kaufmann wunderte sich. Als der Junge das dritte Mal Süßes gekauft hatte, fragte er dessen Vater, woher der Reichtum käme. Der Schafhirt wollte zuerst nicht glauben, was ihm der Kaufmann erzählte. Er ging nach Hause; dann fragte er seinen Sohn. Und der Junge antwortete: »Das kann ich dir nicht sagen.«

Da schlug der Schafhirt seinen Jungen und hörte nicht eher zu prügeln auf, bis der alles gestand. Am nächsten Morgen lag der Hirtenknabe tot im Bett. Der Böse hatte ihm den Hals umgedreht.

Quellen:
Grässe – Der Sagenschatz des Königreiches Sachsen – (Dresden 1874)
Meiche, A. – Sagenbuch des Königreichs Sachsen – (Leipzig 1903)
Ziehnert – Sachsens Volkssagen
Lehrerschaft Glauchau – Aus Schönburgischen Landen – 1935
Winkler, St. – Sonderheft des Museums Glauchau – 1981

DIE GESCHICHTE VOM TALER

Wir Menschen meinen, Hundertjähriges sei alt, und zweihundert Jahre Altes sehr alt. Und was noch älter ist, das ist uralt. Obwohl aller zwanzig Jahre eine Generation geboren wird, sind 500 Jahre in der Geschichte der Menschen nicht viel. Aber, es geschieht vieles. Es ist, als ob die Zeit davonliefe, und wir Menschen hinken hoffnungslos hinterher. Wären nicht Details und Wesentliches von vorigen Menschen überliefert, müßten wir ständig neu beginnen! Die Geschichte der Menschwerdung umfaßt das Geheimnis von Rouffignac und die Zärtlichkeiten der Gegenwart.

Der Taler ist ein Detail, ein Zeugnis seiner Zeit, und der Taler ist 300 Jahre alt geworden. Seit 1571 nannte man ihn Reichstaler. 1871 wurden die »Siegestaler« geprägt, Taler zum letzten Mal.[1] Jeder Taler gilt so viel, wie sein Gewicht verspricht, sein Gehalt an Feinsilber; das Münzzeichen des Münzmeisters garantiert uns dafür. Taler haben, wie alle Geldstücke, zwei Seiten; sie sind rund wie alte Markenzeichen.

Der »Joachimsthaler« ist der Taufpate vieler Taler-generationen. Manchmal prägt man zur Erinnerung Münzen mit den alten Bildern; Zahlungsmittel sind sie dann nicht. Vor mir liegt ein Taler; der »Kranz« auf der Rückseite trägt die Aufschrift: + dei + Gracia + Rex + Boem + 1520 + Ludovicus + Primus + (Ludwig der Erste von Gottes Gnaden König von Böhmen + 1520). Die Bildmitte, den Kreis füllt ein prächtiger Löwe mit einer Krone und doppeltem Schwanz. Das Münzzeichen, ein Kreuz, ist kunstvoll mit dem

Schwanz des Löwen verbunden; drei Punkte, als Dreieck angeordnet, gehören dazu. In der Bildmitte der Vorderseite ist St. Joachim dargestellt, eine Mütze auf dem Kopf, einen Stock in der einen Hand, unter dem anderen Arm eine Schütte. Zu seinen Füßen ein kleiner Schild, viergeteilt mit einem kleinen Löwen im linken oberen Feld und einem im rechten unteren; geometrische Zeichen füllen die anderen Viertel. Es ist der Schild der Schlicks. Im Kranz der Vorderseite finde ich den Namen Stefan Schlick und die Namen seiner Brüder, der Grafen von Bassano.[2]:

»SLICOMU: STEFANI: Et: Fratr: COMITU.D. BASAIA: ARMA: DIOB:« (das letzte Wort mit einem kyrillischen I).

Mein Taler ist ein getreues Abbild des ersten datierten Talers aus Joachimsthal. Aber ein Jahr zuvor hatten Stefan Gemlich und Utz Gebhart auf der Burg Freudenstein für die Schlicks den ersten Taler ohne Jahreszahl geprägt. 1528 entstanden die letzten Schlick'schen Taler. St. Joachimsthal hieß vorher Konradsgrün; jetzt heißt es Jáchymov. Schon 1512 sollen Kaspar Bach aus Geyer und der »alte Oeser« aus dem nahen Schlackenwerth einen Stollen in den Schlottenberg getrieben haben (Stollen der hlg. Drei Könige). 1515 gründete Stefan Schlick in Karlsbad (Karlovy Vary) eine »Gewerkschaft« und ließ die Arbeit in der verlassenen Fundgrube wieder aufnehmen. Viele Bergleute kamen wegen der reichen Ausbeute ins enge »Thal« zwischen dem Turmberg und dem Pfaffenberg, dem Mittelberg und dem Nicolausberg[3].

Der Ort war 1516 als freie Bergstadt von den Grafen gegründet worden.

»In´s Thal, in´s Thal mit Mutter , mit All´!«

Agricola wurde 1527 Stadtarzt von St. Joachimsthal. Er traf dort die besten Bergfachleute aus Sachsen, Tirol und dem Salzburger Land, so den Berghauptmann Heinrich von Köneritz. Agricola erhielt Anregung für sein Lebenswerk. In seinem ersten Buch »Bermannus – ein Gespräch über den Bergbau« erzählt er vom Beginn in St. Joachimsthal:
»Ja, es ist gerade 12 Jahre her, da stand erst ein einziges Haus bei einem alten und fast ganz zu Bruch gegangenen Schacht. Zu eben dieser Zeit waren in den Bädern Kaiser Karls IV. (Karlsbad) der gestrenge Herr Alexander Graf von Leisnig, der häufig der Schrecken der Türken war, Wolfgang Baron von Schönburg, der nicht weniger durch Klugheit, durch Adel und durch seinen Reichtum einen Namen hat, und Stephan (Graf von) Schlick, von dem ihr ja wißt, daß er in dem unglücklichen Kriege gegen die Türken lieber tapfer untergehen als sich durch die Flucht retten wollte, und außer diesen dreien einer aus der Familie Thumshirn. Diese faßten den Plan, auf gemeinschaftliche Kosten den alten Schacht wieder zu gewältigen, wenn es denn das Schicksal gut meine. Sie begannen nun zu arbeiten, und nicht lange darauf trafen die Häuer einen sehr reichen Silbergang. Das brachte natürlich die Nachbarn auf die Beine, und von allen Seiten kam eine große Schar Bergleute hierher. Ein Teil von ihnen suchte mit der Wünschelrute* nach Gängen, ein anderer Teil versuchte es aber durch kunstgerechtes Aufschließen, und so schürften

sie. Kaum war man an mehreren Orten beim Abteu-
fen der Schächte, als man schon fast unter der Damm-
erde Silber fand. Dies passierte z. B. bei dem Türken-
berg, den ihr in dieser Richtung dort erblickt, und
auch in dem anderen Teile des (vor uns liegenden)
Berges da, den wir den Schottenberg nennen. Das zog
natürlich immer mehr Leute hierher. Wir sind ja fast
alles Menschen, die auf Geld erpicht sind, und wir
begehren, mit möglichst wenig Aufwand und möglichst geringer Arbeit in so kurzer Zeit wie möglich
reich zu werden. Deshalb sind all die vielen Häuser
erbaut, so viele Schächte abgeteuft, so viele Stollen in
den Bergen aufgefahren ...«[3]

Der Joachimstaler, eine massive Silbermünze, war
bald begehrt, sein Name in aller Munde. Der amerika-
nische Dollar verdankt seinen Namen dieser Münze
aus dem »Thal«[4] und dem erzgebirgischen Dialekt:
Tal=Thol; Taler=Tholer.

Zu der Zeit wandelten sich ehemalige kleine Waldsied-
lungen zu größeren Orten. Bergleute kamen von überall her[4], und das Gebirge erhielt einen neuen Namen:
Erzgebirge [5]; und die neuen Orte bekamen ihre
Namen von den Bergleuten, und alte Wohnplätze
wurden umgetauft. Pate gestanden haben die Schutz-
heiligen der Bergleuten. Auch in unserer Umgebung
veränderten sich manche Ortsnamen und aus ehemals einem Ort wurden mehrere; besonders dort, wo
der Ort vorher nur durch einen Flußnamen bezeichnet war. So entstanden St. Peter aus »im Lunkwitz«
(für Niederlungwitz) St. Egidien aus »in Lunwicz«, die
Ortsteile St. Micheln, St. Jacob, St. Niclas im Mülsengrund. (Siehe auch K.-H. Hengst, Ortsnamen.) Thurm

149

soll St. Urban geheißen haben und Dennheritz St. Einhard oder St. Enart (mundartl. Dennarts).[6] Hohenstein ist typisch für das Erblühen eines Ortes um 1500. In den neuen Bergorten wurde wesentlich mehr Silber gefördert als in Freiberg, der ersten Bergstadt im Meißnischen Land. Eines Tages, im Jahr 1477, entdeckten die Bergleute von Schneeberg in der Grube St. Georg gediegenes Silber, ein Lachter breit und zwei Lachter hoch (1 Lachter = 2 Meter). Herzog Albrecht wurde gerufen, das Naturwunder zu bestaunen. Eine Radierung zeigt ihn an der »Tafel« aus reinem Silber, dahinter die Bergmeister. Der Silberquader wog 20 Tonnen. 20 Tonnen reinen Silbers!

Die Geschichte vom Taler ist eine Geschichte von Silbermünzen. Schmelzhütten und Hammerschmieden entstanden in der Nähe von Bergwerken. Münzprägen war Handarbeit. Ein Münzknecht brauchte Kraft, mußte schnell sein und geschickt. Denn in der Linken hielt er den Stempel und mit der anderen Hand schwang er den Hammer. Für große Geldstücke brauchte man zwei Männer. Um 1500 prägten die Münzknechte von Frohnau[7] das erste sächsische Großsilber. Die Hammerschmiede war vor 1436 eine Mühle am Schreckenberg gewesen. Darum nannte man die großen neuen Münzen zuerst »Mühlsteine«. Lustig ist aber das Münzbild des Schreckenbergers: ein männliches Gesicht mit einer Klappmütze, wie sie damals mode war, umrahmt von Engelsflügeln – darum hießen die »Mühlsteine« auch Engelgroschen –, unter dem Porträt ein Schild mit gekreuzten Schwertern, und auf dem Rand des Schreckenbergers stehen die Namen: FRIDERICUS:ALBERTUS:IOHANNES.

Augustin Horn war der Münzmeister. Der Schreckenberger wurde von 1498 bis 1500 geprägt und hatte
einen Wert von 3 Zinsgroschen. Das Original der
Münzbestätigung für die Neustadt am Schreckenberg
(vom 18. Aug. 1498) befindet sich im Staatsarchiv.
Die Münzbestätigung ist ein Auszug aus der Freiberger
Münzordnung gleichen Datums, beschlossen von den
albertinischen und ernestinischen Fürsten Sachsens.

»Seit den großen Silberfunden im Freiberger Revier
nach der Mitte des 12. Jahrhunderts war die
Markgrafschaft Meißen eines der wichtigsten
Bergbauländer im Heiligen Römischen Reich.« Den
Kurfürsten war durch die »Goldene Bulle« Kaiser Karl
IV. (Reichsverfassung) das Berg- und Münzregal zuge-
sprochen.[8] Das bedeutete: Die Landesherren konnten
frei über die Bodenschätze verfügen und Schürfrechte
vergeben. Zu der Zeit gab es in Sachsen aber zwei
Landesherren, denn die Brüder Ernst und Albert[9]
hatten 1485 Land und Macht geteilt. (Der Kurfürst
Ernst regierte in Eisenach, Jena, Weimar, Gotha,
Coburg, Wittenberg, im Vogtland und in Teilen des
Pleißnerlandes; und Herzog Albert herrschte über die
Mark Meißen (Dresden, Freiberg), Leipzig und
Nordthüringen. Für die Lausitz und die Bergwerke
des Erzgebirges trugen beide die Verantwortung
gemeinsam, und sie teilten sich den Nutzen.[10]

Die Landesherren forderten Anteile am geförderten
Erz (den Zehnt) und den Verkauf des Silbers an die
eigene »Münze«. Rechte und Pflichten der Bergherren
und der Bergarbeiter waren durch schriftliche
Vereinbarungen, durch das Bergrecht geregelt. Diese

Regelungen heißen Bergregal. Bergbeamte führten Bücher, kontrollierten die Produktion, die Ausbeute in den Gruben, die Lieferungen an die Schmelzhütten und die Zahlungen.

Auszug aus der Schreckenberger Bergordnung von 1499–1500:
»was der bergkmeister thun sall un was er auß krafft seines ampts tzu thun macht hat ... von den arbeitern. Es sal keiner auff eine wochen. in etzwein tzechen schichte faren uff arbeiten. ader in eyner wochen meher dann ein lon, auff sich schreiben lassen. wer des uberfunden wurde. Sal der steiger sunderlich, dartzu derselbige arbeiter ane gestraft werden. Es wer dan das eine ledige schicht tzu notdurft, aber an der redliche ursachenn hette. die der bergkmeister mit den geschwornenn. erkennen wurden.«[11]

Zum Glück wurde 1492 Adam Ries geboren; wer weiß, was sonst aus den Annaberger Rechnungen geworden wäre! –

STERNTALER

Es war einmal ein armes Mädchen, dem waren Vater
und Mutter gestorben. Nichts war ihm geblieben als
das Hemd auf dem Leib, ein alter Mantel und ein
Kanten Brot. Darum ging es hinaus in die Welt. Am
ersten Tag begegnete ihm ein alter Mann, der sagte:
»Mich hungert.« Da gab ihm das Kind das Brot und
ging weiter. Bis ein Mütterchen kam, das jämmerlich
fror und um den Mantel bat. Da blieb dem Mädchen
nur noch das Hemd. In dieser Nacht war es bitterkalt;
der Himmel war voller Sterne. Auf einmal fielen sie
herab und das Kind fing sie alle in seinem Hemd. Es
waren aber blanke Taler. –

Anno 1500 beschlossen Friedrich der Weise und sein
Bruder Johann mit Herzog Georg von Sachsen eine
neue Silbermünze prägen zu lassen, die den gleichen
Wert hatte wie der rheinische Goldgulden. Dieser
silberne Gulden war darum größer und dicker als die
rheinische Goldmünze, und die Leute sagten statt
Guldengroschen »dicker Pfennig«; oder sie nannten
diesen sächsischen Gulden auch Klappmützentaler,
weil die Fürsten, vorn und hinten drauf, die für das
Jahr 1500 typische Mütze trugen. Bis 1525 ließen die

Fürsten den Guldengroschen auf dem »Annaberge«
schlagen. Der Prägeakt ist auf dem Bergaltar der
Annenkirche dargestellt. Der Guldengroschen hieß
erst einmal so, weil vorher in Sachsen die Groschen
das übliche Zahlungsmittel waren. Mit dem Bild des
sächsischen Kurfürsten Friedrich des Weisen war
1492–93 in Zwickau ein neuer Groschen geprägt
worden. Vorbild war die Tiroler Großsilbermünze von
Erzherzog Sigismund. (Die Münzbildgestaltung ging
zurück auf die venezianische Lira tron und den mai-
ländischen Testone.) Dann, 1496, prägte man Zinsgroschen (auch Mutgroschen genannt). In immer
stärkerem Maße bestimmte der Zweck Münzart und
Gestaltung. Seit 1490 waren große Mengen Pfennige
geprägt worden; allein in der Schneeberger Münze
von Ostern 1497–Ostern 1498 sechseinhalb Millionen
Pfennige. Und die Silberproduktion stieg weiter! –
Löhne und Gehälter wurden in Groschen bezahlt. Der
Lohn für eine Woche Arbeit, 5 Schichten von 7 Stunden, war ein halber Gulden. – Die neuen Silbertaler
waren für die Zahlung an die Landesfürsten, an die
Bergherren und für die Geschäfte mit Großkaufleuten
bestimmt. »Das Großsilbergeld der sächsischen
Fürsten trat massenhaft auf. Es unterschied sich von
allen anderen umlaufenden Geprägen durch seine
Größe, durch sein im wesentlichen über viele Jahre
gleichbleibendes Münzbild und hatte den Ruf, aus
einem der silberreichsten deutschen Länder zu
kommen... Die sächsischen Fürsten hatten etwas völlig
Neues, derart Entscheidendes in ihrer Finanzpolitik
getan, daß es keiner Gütesiegel (Münzzeichen) mehr
bedurfte...«[12]

Auch die »Goldenen« oder Gulden wurden weiter geprägt (bis 1806).
»Aureus nummus« = goldener Pfennig.
Der Goldgulden (fl.)[13] war Anfang des 14. Jahrhunderts erstmals in Deutschland geprägt worden.
»Floren«, von Florenen, war die Kurzform für eine Feingoldmünze aus Italien. Ihr Gewicht: 3,537 g.
Mit dieser Goldmünze vom Jahr 1252 aus der Stadt Florenz hatte die Vorgeschichte des Talers (Guldengroschen = Flgr.) begonnen.

Anmerkungen:
Münzsystem von 1490
1 Gulden = 21 Groschen = 42 Halbgroschen = 252 Pfennige = 504 Heller.

Das sächsische Münzsystem
1 Goldgulden = 1 Guldengroschen; 1 Guldengroschen = 2 halbe Guldengr. = 7 Schreckenberger = 21 Zinsgr./Mutgr. = 42 halbe Schwertgroschen = 252 Pfennige. 1 Pfennig = 2 Heller.

Veränderungen im Münzsystem
1534: 1 Guldengroschen = 22 Groschen; 22 Groschen = 88 Dreier; 88 Dreier = 264 Pfennige; 1 Pfennig = 2 Heller.

1542–1571: 1 Guldengroschen = 24 Groschen; 24 Groschen = 96 Dreier; 96 Dreier = 288 Pfennige; 1 Pfennig = 2 Heller.

1547: Herzog Moritz wird Kurfürst von Sachsen nach seinem Sieg über Friedrich den Großmüthigen (Ende des Schmalkaldischen Krieges). Siehe Annalen v. E. Eckardt!

1547–53 gab es Spitzgroschen.

1553–58 gab es keinen Heller mehr.

[1] Siegestaler: nach Beendigung des deutsch- franz. Krieges (1870/71) von Preußen, Sachsen, Bayern, Württemberg und Bremen herausgebracht.

[2] Quelle: Ein kleiner Spaziergang durch die Geschichte des ersten Radonbades der Welt, Hana Güntherová (1991)

[3] Quelle: Agricola Band II von Dr. rer nat. Hans Prescher (1955) VEB Deutscher Verlag der Wissenschaft Berlin
»In´s Thal,in´s Thal mit Mutter mit All´! – siehe Annalen von Ernst Eckardt

[4] »... von überall her«; aus dem Harz, aus Tirol, aus Böhmen, aus Ungarn und aus dem Salzburger Land (Numismatische Hefte Nr. 14) – Joachimstal wurde zuerst nur Thal genannt.

[5] Quelle: Bermannus von Agricola (Prescher, Band II)

[6] »Aus Schönburgischen Landen«/ Heft 6/Aus der Fehdezeit; von der Lehrerschaft Glauchaus

[7] Quelle: Museum Annaberg und Museum Frohnau

[8] Quelle: Numismatische Hefte (Nr. 14/84) vom Institut und Museum für Geschichte Dresden

[9] Die Brüder Ernst und Albert waren als Knaben (1455) von dem Ritter Kunz von Kauffungen aus dem Altenburger Schloß geraubt und entführt worden. Bei Hartenstein, in einer Höhle, war Ernst zwei Tage lang gefangen gewesen. Kunz von Kauffungen wurde in Freiberg durch das Beil hingerichtet. Sein Bruder Dietrich starb in Altenburg durch das Schwert, Hans von Kauffungen, dem das Wolkenburger Schloß gehörte, wurde vertrieben. Der Küchenjunge, Hans Schwalbe, wurde in Zwickau »mit glühenden Zangen gezwickt« und geviertelt. Kunz v. Kauffungen hatte dem Kurfürsten in einem vorangegangenen Krieg gedient und war für erlittene Verluste nicht entschädigt worden.

[10] Quelle: Geschichte der Sachsen von Gustav Niemetz (1993) Lausitzer Verlag

[11] Quelle: Museum Annaberg

[12] Quelle: Museum im »Frohnauer Hammer«

Adam Ries war Rechenmeister in Annaberg und verantwortlich für das gesamte kursächsische Bergrechnungswesen

POLIZEIORDNUNG

«Die Polizeiordnung von 1583 verfügte beziehentlich
der Hochzeiten, daß die vberschwenklichen Costen
dabei ganz abgethan sein und keine Wirtschaft lenger
denn off zwenn Tage gehalten und damit vollendet
werden, bei Strafe von 1 gut Schock an die Herrschaft
und 10 Gr. an den Rath oder den Richtern. Es solle
auch Zucht und Maß im Trinken und Tanzen
ernstlich geboten und das unnatürliche verderbliche
Zusauffen, Auch unzüchtige ergerliche und bübische
Verdrehen auf Wirtschaften, es sei offen Rathhaus,
oder in andern Häusern, auch gemeinen Tenzen, off
der Gassen oder wo die sonst gehalten, genzlich abgethan und verboten seyn.« (Chronik von E. Eckardt)

ANNALEN
16. JAHRHUNDERT

Aus der Chronik von Ernst Eckardt

1500
Überschwemmung: Nach starkem Regen stieg der
Wasserspiegel der Mulde bis über die Ufer. Viel Holz
kam von Zwickau und wurde in Glauchau aus dem
Fluß gefischt.

1502
Die Juden werden verfolgt; besonders die Händler.

1504
Judenverfolgung in Zwickau. Man warf Ihnen Brand-
stiftung vor. Es herrschte aber in dem Jahr eine große
Dürre, von Anfang April bis Ende Juli fiel kein
Tropfen Regen. Es wuchs wenig Futter und Getreide.
Alles wurde teurer. Krankheiten breiteten sich aus.

1505
Bessere Zeit: Der Scheffel Korn fiel von 32 auf
7 Groschen. Im Juli »großes Wasser«. Im August 1506
wieder Hochwasser.

1507
Pestjahr. Aber »noch war es sehr wohlfeil«; 1 Scheffel
Korn und Gerste kosteten 4 Groschen. – Der Ablaß-
krämer Tezel bereiste die hiesige Gegend. Er verkaufte
den Leuten Zettel, auf denen stand: Gott vergibt dir
deine Sünden.

1510

Tezel, der in Annaberg ausgewiesen worden war, kam wieder nach Glauchau. »Unter dem Geläut aller Glocken zogen ihm die Erwachsenen mit Kränzen und brennenden Kerzen, die Jugend mit wehenden Fahnen entgeg und der Verkauf seiner Ablaßzettel ging flott vonstatten.« – Rebellion im Schönburgischen.

1511

Die Remser Nonne, Gertrud Trützschler, läßt der Frau Anna von Schönburg melden, sie habe ihr ein wichtiges Geheimnis zu offenbaren. Wolf und Ernst von Schönburg schickten ihren Notar, ihren Amtmann und Zeugen nach Remse. Die Nonne gibt an, sie habe einen Zinsbrief mit dem Schönburgischen Siegel gehabt, den hätte sie ihrer Priorin übergeben müssen. Als nun 1 Schock* der ihr verschriebenen Zinsen ausblieb, wollte die Nonne ihren Brief wiederhaben. Der Brief sei ihr verweigert worden, aber sie hätte Geschenke erhalten, sobald sie drohte, die Sache bekannt zu machen. Sie glaubte, der Probst hätte das Siegel von dem Briefe abnehmen lassen und ein neuer sei geschrieben worden. – 1478 hatte der Zinsbrief bei der Abtrennung des Klosters von der Schönburgischen Voigtey eine Hauptrolle gespielt; das Siegel des Briefes sei damals einer besonderen Prüfung unterzogen worden. – (Siehe auch Streit zwischen dem Kloster und Ernst dem Älteren!)

1513

Harter Winter mit »großem Schnee«. Die Kälte hielt bis Fastnacht an. Weil das Wasser abgefroren war, konnte in Glauchau nicht gemahlen werden. Man fuhr von

Annaberg bis Penig, ja bis Leipzig und Merseburg auf
dem Schlitten.

1515
Pestjahr. Am 3. Juli großes Wasser; es regnet drei
Wochen lang ununterbrochen. Am 21. Juli ergoß sich
das Wasser über die ganze Aue.

1516
In Conradsgrün (später Joachimsthal, heute Jáchymov) begann der Bergbau. »Da hat sich Jedermann
wollen hineinmachen und geschrien: In's Thal, in's
Thal, mit Mutter, mit All'!«

1519
sind die Henker und Schinder* in Herzog Georg des
Bärtigen Land alle verbrannt worden, weil sie die
Weiden vergiftet und das Vieh »gesterbt« haben sollten. In Waldenburg wurden auf Befehl Ernst d. J. von
Schönburg 7 verbrannt. Der Sommer dieses Jahr war
so kalt, daß die Kirschen erst um Michaelis reif
wurden. (1520 wütete die Pest in Penig. Es starben
dort 600 Menschen in einem halben Jahr. 1521: Die
Pest wütete fort; in Schneeberg starben 300, in
Annaberg 2360 Menschen. – Am 29. April wurde die
Stadt Marienberg abgesteckt und ihr Bau begonnen.
1522: Wieder ein Pestjahr. Das Städtchen Scheibenberg entsteht, wo 1515 der Bergbau durch Caspar
Klinger aufgekommen war.)

1523
Um Peter Paul* heftige Regengüsse. Die Aue stand
wochenlang unter Wasser.

1524

Nachdem zwischen Pfingsten und Jungpfingsten die
Gänse auf dem Eis gegangen waren, kam ein nasser
Sommer. Alles wurde teurer. Ein Scheffel Korn kostete
35 Groschen. Es war auch Mangel an Salz, weil in
Halle wochenlang kein Salz »gehauen« worden war.

1525

kamen die »grauen Mönche«, die Barfüßer (Franziskaner) hier an. Sie hatten in Zwickau gelebt; Franziskaner gab es dort seit 294 Jahren. Nun mußte sie der
Rat bei ihrem Auszug aus der Stadt begleiten lassen,
damit ihnen niemand etwas tue. – Noch wenige Jahre
vorher hatten die Franziskaner eine neue schöne
Klosterkirche erbaut und 1517 eingeweiht. – Als nun
das Evangelium in Zwickau angenommen wurde,
verbot ihnen der Rat das Betteln. Und als die Messen
und der Beichtstuhl auch nicht mehr so viel wie früher einbrachten, fingen sie an, auf den Rat und den
evangelischen Prediger Nicol Hausmann zu schimp-
fen. Da verbot ihnen der Rat das Predigen (Dez. 1523).
Am 11. Februar 1525 schloß der Rat die Kirche zu
und entließ die Mönche mit einer Entschädigung. Der
Pirnaische Mönch sagte: »1525, Sonntags Miseric.
Dom. wurden sy alle von dem Luteranischen Bürgern
in´s Elend jämmerlich geweyst, setzten darein (ins
Kloster) apostaten, iren pfaren Nickel Hausmann
sampt der Priesterschaft, vnd das pfarhaus czu er
kriesscher (grieschischer!) schul verordnet, kriessche
Keczerey, der si anhenigk, mehr vnd mehr czu lernen.«

Die Mönche zogen nach Glauchau in ihr Terminir-
haus*, und Ernst von Schönburg, der streng papistisch

war, nahm sie gerne auf. Wie lange sie in Glauchau
blieben, ist nicht bekannt. –

In diesem Jahr wurden auch die Bauern unruhig. Erst
in Thüringen, dann im Erzgebirge. Der Aufruhr fand
durch das Bergvolk (die Bergarbeiter) einen günstigen
Boden. Im April 1525 wurde Schlettau von 1500
Mann gestürmt und das Schloß geplündert. Am Sonntag Jubilate (7. Mai) überfielen die Bauern von Reins-
dorf, Wildbach, Langenbach, Tilgen und einigen
anderen Schönburgischen Orten das Kloster Grünhain und plünderten es. Nicol Fucher aus Grünhain,
Nicol Gaulenhöfer aus Zwickau und Georg Schindler
aus Dippoldiswalde führten die Bauern an. Auch in
Aue und Klösterlein wurde geplündert. Zu Grünhain
hatten die drei Anführer beschlossen, gegen den
tyrannischen Ernst von Schönburg zu ziehen, Hartenstein zu überfallen und das Schloß auszuplündern.
Weit und breit rotteten sich die Bauern unter Führung
ihrer Richter zusammen. (Und bei Joachimstal
versammelten sich 3000 Bergleute und plünderten die
Schlickschen Häuser (Schlösser). Die Kirche von
Raschau war von Schönburgischen Bauern am 9. Mai
niedergerissen worden. In den Pfarreien von
Drehbach, Mildenau, Schönbrunn, Lauterbach und
Lippersdorf hatten sie die »Bilder verspottet« und das
Bier ausgetrunken. Offenbar forderten die Bauern
nicht nur das Jagdrecht und das Recht, Holz schlagen
zu dürfen und zu fischen. Sie verlangten nicht nur die
Beseitigung der neuen Schäferei, weil die Schafe ihre
Felder schädigten, und des übrigen beschwerlichen
»Scharwerks« (Frohndienst), der »so von Alters nicht
gewesen«. Sie forderten, der Mahlzwang für die Edel-
mannsmühlen sollte wegfallen, und sie wollten über

die Ein- und Absetzung von Pfarrern selbst entscheiden. Die Bauern von Schneeberg schrieben auch einen Brief an den Rat von Chemnitz, in dem sie »Kraut und Loth« begehrten. Auf dem Brief war ein Siegel mit einem Kreuz und dem evangelischen Wahlspruch: Verbum dei namet in eternum (Gottes Wort bleibet in Ewigkeit). Am 10. Mai erschienen die Reinsdorfer Bauern vor Zwickau und baten um Munition. Aber es befanden sich zu der Zeit viele geflüchtete Edelleute in der Stadt, und so machte man sich zur Gegenwehr bereit. Inzwischen wurde aber die Sache in Thüringen entschieden. Ernst d. J. hielt sich gerade in Weimar auf. Als er vom Aufruhr in seinen Besitzungen erfuhr, soll er gesagt haben: Wenn alle rebellisch werden, bleiben mir doch die Klinger* und Hammerherren treu. Dann ordnete er an, wie sich seine Amtleute verhalten sollten. Er selbst führte das Oberkommando des Heeres Georg des Bärtigen., das sich mit Hessen und Braunschweigern vereinigt hatte. Am 25. Mai kam es zur Schlacht bei Frankenhausen. Thomas Müntzer ließ die Bauern singen: »Komm heil' ger Geist!« 7000 Bauern wurden niedergemacht. Schließlich flohen sie; auch Thomas Müntzer. Ein Adliger aus dem Culmbach'schen soll ihn in einer Dachkammer gefunden haben. Den Bauern war der Mut gesunken. Die Fürsten zogen nach ihren Landen und stifteten Ruhe (der Kurfürst Johann der Beständige, später der Großmütige geheißen, die Herzöge Philipp von Braunschweig, Otto und Franz von Lüneburg und Fürst Wolf von Anhalt mit 1500 Mann Reiterei und 700 Fußknechten), mit Geschütz und Rüstwagen trafen sie in Zwickau ein. Die Dorfschaften wurden ins Kloster gerufen. »Gefänglich« eingebracht wurden 80 Männer. Darunter zwei Geistliche und ein Schulmeister aus der Crimmitschauer Gegend. Viele wurden der Tortur unterzogen (gefoltert), 49 zum Tode verurteilt. Die Dorfschaften mußten zuerst die Waffen abliefern. Im Juli befahl der Kurfürst die ganze Bauernschaft nach Altenburg, ließ sie entwaffnen und in die Franziskanerkirche sperren. Ernst von Schönburg riet, einige Ruhestörer zum Tode zu verurteilen. Aber einer der Bauern faßte sich ein Herz und sprach vor dem Kurfürsten von der Arbeit, die jetzt gerade dringlich sei. Darauf wurden die meisten begnadigt. Vier verloren die Köpfe. In Zwickau erreichten die Pfarrer Hausmann und Zeuner die Begnadigung der zum Tode verurteilten. Die aufrührerischen Schönburger Bauern fielen in Ernst's Hände. Grubenhöfer und Schindler wurden in Joachimsthal enthauptet. Fucher durfte sich um 700 fl.* loskaufen. Zu Hartenstein wurden fünf Bauern gehängt, zu Elterlein sieben, und zwei wurden zu Lößnitz enthauptet. Fünf wurden in Scheibenberg eingezogen*, einer davon an der Straße, an der roten Sehma gespießt; die anderen mit Gefängnis und an Geld und Gütern gestraft. In Glauchau wurde dem Butthausen, der sich Abt von Grünhain genannt hatte, der Kopf abgeschlagen, obwohl er eine große Summe für sein Leben geboten haben soll. Dagegen begnadigte Ernst von Schönburg einen Rotgießer, der ihm zum Dank einen großen kupfernen Kessel goß, der lange in der Hofküche stand. Mit den Bürgern von Meerane leerte der Graf ein Faß Bier, weil sie sich dem Aufstand nicht angeschlossen hatten. (Die Meeraner mußten aber auch nicht frohnen.) Ernst belohnte auch noch andere, die sich nicht aufgelehnt hatten: Den Lichtensteinern erließ er einen Teil des Lehngeldes und in Alberode durfte jeder so viel Holz aus dem Walde nehmen, wie

er zum Bauen und Brennen brauchte. Auch in
Meißen mußte Ernst von Schönburg Ruhe schaffen.
Aber dort war nicht viel geschehen. Die Täter mußten
das Zerstörte ersetzen oder wieder herstellen.

Was Luther gefürchtet hatte, daß der Aufruhr dem
Evangelium großen Schaden zufügen würde, traf bei
Ernst von Schönburg ein. Er wurde gegen die
Reformation noch feindseliger gesinnt. –

1526
Am Sonntag Exaudi war eine große Wasserflut. Sie
brachte »Floßholz« von Zwickau.

1528
Das Kloster Remse wurde von Joh. Friedrich dem
Großmütigen »aufgehoben« (aufgelöst).

1529
Am 12. August trat die Mulde über die Ufer. Es hatte
drei Tage lang geregnet. Die Leute waren auf den
Heuboden geflüchtet; den »Strom« bedeckten Holz,
Flöße und Trümmer von Gebäuden. Das ganze Jahr
war, obwohl im Februar die Veilchen blühten, naß
und unfreundlich und brachte daher auch wenig
Getreide. Es brach die »englische Schweißsucht«* aus.

1530
Der Winter von 29 zu 30 war sehr warm. Sonnabend
vor Judica* wurden »grüne Maien« verkauft. Das Jahr
war fruchtbar. Jedermann hoffte, daß die seit 1524
andauernde Teuerung zu Ende ginge. Vergebens. –
Am Montag nach Quasimodogeniti* kam Herzog
Georg der Bärtige von Sachsen nach Glauchau. Er

kam von Dresden und wollte nach Augsburg zum
Reichstag (Augsburger Confession, Übergabe der
evangelischen Bekenntnisschrift) Der Herzog hielt
Nachtlager auf dem Schloß. In diesem Jahr stürzte die
Muldenbrücke ein.

1531
Großes Wasser. Eine gesegnete Getreideernte brachte
endlich den ersehnten »Abschlag« der Getreidepreise.
Der Scheffel Korn, der 3–4 fl. gekostet, fiel auf
12 Groschen, der Hafer von 1 fl. auf 7 Groschen.

1532
Mittwoch nach Mauritii* erschien ein Komet mit
einem langen nach Morgen gerichteten Schweife. Der
Komet stand bis Michaelis* am Himmel. Die Getreidepreise fielen weiter um $2/3$ des Preises vom Vorjahr.

1533
stand wieder ein großer Komet am Himmel. Von Juni
bis August.

1534
herrschte die Pest. Nachdem schon der November
große Kälte gebracht hatte, war es zu Weihnachten so
warm, daß die Jungfrauen Kränze von Stiefmütter-
chen und Kornblumen trugen.

1536
Im Sommer war eine solche Dürre, daß keine Mühle
ging und große Not war. Am Andreastag* wütete ein
großer Sturm. Viel Holz brach.

1537

In Penig gründete der Glauchauer Papiermacher-
geselle Burkhard Schmidt die Papiermühle.

1538

Das Jahr gab viel taubes Getreide; die Preise stiegen
wieder. Ein Scheffel Korn auf 3 fl. (In Lichtenstein
brannten am Neujahrstage das Schloß, 4 Häuser und
2 Scheunen ab. Man vermutete Brandstiftung.)

1539

In diesem Jahr gab es vier große Wasserfluten. Die
erste am Palmsonntag (30. März). Dann stand am
12. September nach dreitägigem Regen alles unter
Wasser. Es kam sehr viel Holz auf der Mulde ge-
schwommen, weil das Wasser in Zwickau den Rechen
durchgerissen hatte. Am 27. September und am
heiligen Christtage wieder Hochwasser. Eis dämmte
weithin die Aue. Schon um Margaretha (13. Juli)
begann die Ernte. Um Bartholomäi (24. August) blühten die Apfelbäume zum zweiten Male. Von August bis
Fastnacht des nächsten Jahres regnete es beinahe
täglich. – (In Zwickau wurde ein Räuberhauptmann,
Barthel Schuster, eingezogen*, weil er trotz beschwore-
nen Friedens die Stadt Meerane befehdet hatte.)

1540

war ein sehr heißer und trockener Sommer. Obwohl
nichts wuchs, wurde das Vieh bis Ostern ausgetrieben.
Dann regnete es nur noch wenig. Die Mulde war
wasserlos und keine Mühle ging. Wälder entzündeten
sich. Nur der Wein geriet, besonders aber der, den
man den »Mordbrenner« nannte, weil sich die Menschen daran zu Tode tranken. 1 Scheffel Korn kostete

2 fl., ebensoviel ein Ochse. Weizen 48 Groschen,
1 Pfund Rindfleisch 2 ½ Pfennig (weil man das Vieh
nicht ernähren konnte). Anfang Oktober schneite es,
und der Schnee blieb drei Tage lang liegen; dann
wurde es wieder warm, und nun wuchs alles für eine
kurze Zeit.

1542

Pestjahr. In Schneeberg starben 250, in Zwickau 1592
Menschen. Auch in Glauchau war ein großes Sterben,
so daß der Schösser* zu Michaelis kein Gericht halten
konnte. Viele Menschen verließen die Stadt. In diesem
Jahr haben die 4 jungen Brüder von Schönburg angefangen, das Kornhaus zu bauen.

1543

Am 4. September eine große Feuersbrunst in
Glauchau. Am 18. Oktober wurde die Reformation
eingeführt. Sup. Dr. Pfeffinger aus Leipzig hielt die
erste evangelische Predigt in der Georgenkirche und
verweilte noch einige Zeit in Glauchau, um sämtliche
Kirchenangelegenheiten zu ordnen. Im November
begann heftige Kälte, die immer schlimmer wurde.
Am 28. Dezember brachen nachts in Zwickau vor dem
Frauentor sechs Wölfe in die Scheune eines Fleischers
ein, wo seine Schafe waren. Die Mühlen froren ein.

1544

Am 24. Januar war eine große Sonnenfinsternis, dann
drei totale Mondfinsternisse; das war seit Caroli
Magni* Zeiten nicht dagewesen. Im August große
Dürre, Wassermangel. Heuschrecken erschienen und
zogen die Mulde entlang, alles auffressend, Laub,
Gras und Kraut.

1546

Starke »Eisfahrt«, die vielen Schaden anrichtete. In diesem Jahr brach der lange schon drohende Krieg aus – der Schmalkaldische Krieg. Kaiser Karl V. zog gegen die evangelischen Reichsfürsten. Herzog Moritz von Sachsen stand auf kaiserlicher Seite. Er hatte Anfang November sein Feldlager in Lichtenstein. Die Truppen Friedrich des Großmüthigen hielten Zwickau besetzt. Die Schönburgischen Herrschaften hatten von den Truppen der feindlichen Vettern viel zu leiden. Johann Friedrich erpreßte in weniger als 8 Tagen 7000 fl. Brandschatzung.

1547

Am 15. April kam von Eger her über Werdau das kaiserliche Heer herangezogen. (36 »Fähnlein« Spanier und 28 »Fähnlein« Deutsche) Karl V. ritt mit seinem Bruder, dem König Ferdinand von Böhmen, über den Wehrdigt durch die Kaisergasse nach Jerisau. Er soll dort von Sonnabend bis Montag in der Pfarre oder im »alten kleinen Spielhäuslein« gewohnt haben. Der Pfarrer Sörgel erhielt ein Bild, das der Niederländer Jacob Woydt gemalt haben soll. Der Maler gehörte zum Gefolge des Kaisers. Das Bild hängt jetzt im Pfarrhaus von Jerisau. Die ganze Gegend hatte viel zu leiden. Die »Kaiserlichen« zogen von Glauchau nach Altenburg, über Gnandstein, Geithain, Schwarzbach, Colditz, Leisnig nach Mühlberg. Dort wurde am 24. April (Dom. Miseric. domini) die Schlacht geschlagen, die dem Kurfürsten Johann Friedrich dem Großmüthigen die Freiheit kostete und der Geschichte Sachsens eine Wendung brachte.

1548

Herzog Moritz von Sachsen erhält am 24. Februar in Augsburg vom Kaiser Karl V. die Kurfürstenwürde. Georg der I. von Schönburg überreichte dem neuen Kurfürsten das Kurschwert. Am 22. September starke Überschwemmung. Am 16. Dezember anhaltender Schneefall, Eisfahrt, Schneefall bis 1549 Dom. vocem jucund.

1550

Zu Martini* begann es zu schneien, und der Schnee lag bis Mitfasten* 1551.

1551

Vor Pfingsten regnete es oft und viel. Die Gewässer ergossen sich ins Land. Auf der Mulde kam wieder viel Holz aus Zwickau. Die niedere Brücke mußte repariert werden. Der Winter begann mit Wärme und Krankheiten. »Die große Buche« zu St. Ilgen wurde gefällt und kam zu einem Ständer am Schafteich. In Waldenburg »grassierte« die Pest. Auch in Glauchau starben viele Menschen. Darum schrieb Georg I. an die Bürger von Meerane, sie möchten unsere Stadt des Sterbens halber meiden. Der Schösser fuhr mit einem Landsknecht auf die Dörfer, um die Michaeliszinsen einzunehmen, weil von dort niemand in die Stadt gekommen war. Ein blinder Mann besorgte für die Schloßbewohner Botengänge zur Stadt. Das hintere Schloß wurde erneuert. Ende November erfror vor der »Lorenz Seifertin« Hause Hans Nagels Sohn und wurde auf der Düngerstätte aufgehoben. Ein ausgesetztes Kind wurde gefunden und Günter Preuß getauft. Wenzel Engelmann erhielt für dessen Erziehung 20 Groschen im Jahr.

1552

wurde die Kirche auf dem Scheidebach (Wald) abgebrochen. Meister Blasius erhielt 21 Groschen für das Einreißen der Kirche. Die Steine verwendete man beim Bau des Wehres von Niederschindmaas.

1553

Der Herbst war warm; die Rosen erblühten, als wäre es Frühling.

1554

Am Neujahrstag erschienen zwei Nebensonnen; darauf folgte große Kälte. Viele Menschen erfroren Hände und Füße. Im Mai und Juni, selbst am Johannistage*, fiel noch Schnee.

1555

Am 31. Juli großes Unwetter. Der Blitz schlug mehrmals ein.

1556

Zu Lätare* wurde der Kunz zu Oertelshain erstochen. Von März bis Ende April stand ein Komet am Himmel. Am 8. Juni gab es in Glauchau ein Vogelschießen. Wolf II. von Schönburg – Penig nahm teil. Im Sommer war es so dürre, daß alle Bäche austrockneten. Mittwoch, den 9. Oktober, wurden die ersten drei Leichen auf dem Gottesacker am niedern Tor begraben. Am 30. Dezember war eine große Eisfahrt, wie seit 40 Jahren nicht mehr. Die Brücken wurden beschädigt. Um Martini fiel großer Schnee; kein Fuhrwerk konnte fortkommen. Der Winter war sehr kalt. Man mußte das Vieh mit Dachstroh füttern.

1557

wurde die Zauberelse zu Zwickau am Galgen verbrannt. Sie soll einem Maler aus Glauchau Gift beigebracht haben. – (Am 6. Oktober zündete Mathias Zeising einen Hof am Obertor von Meerane an. Zehn große Höfe verdarben. Er wurde gegriffen und zu Pulver verbrannt.)

1558

Heißer Sommer, hitziges Fieber, viel Raupen und »Geschmeiß«.

1559

Es wurde schon nach Neujahr Hafer gesät. Auf einen schönen März, es blühten die Bäume, folgte ein kalter April. Alles erfror. Teuerung.

1560

Hoher Schnee – harter Winter. Von Martini* vergangenen Jahres bis Ostern ging der Schlitten. Am 19. Juni und am 1. Juli Überschwemmungen. Preise: ein Scheffel Weizen 65 Groschen, Korn 48 Gr., Gerste 40, Hafer 12, 1 Sipmaß* Wicken 12, 1 Scheffel Erbsen 72, 1 Paar Ochsen 23 fl. 18 Gr., 1 Pfund Ochsenfleisch 7 Pf., 1 Pfund Rindfleisch 6 Pf., 1 Hose* Butter 3 fl., 1 Tonne Käse 5 fl., 1 Stein* Zinskäse 4 Gr., 1 Kalbfell 3 Gr., 1 Ochsen- oder Kuhhaut 1 fl. 3 Gr., 1 Brummerhaut 2 fl., 1 Hirschhaut 1 fl. 4 Gr., 1 Zentner Karpfen 4 fl., 1 Tonne Bier 34 Gr., 1 Pfund Wachs 3 Gr., 1 Nösel flüssiger Honig 3 Gr., 1 Rieß Lungwitzer Papier 1 fl. 17 Gr., 1 R. Glauchisches 1 fl. 9 Gr., 1 Klafter Tanne samt Reisig 7 Gr., 1 Klafter Scheite 6 Gr., 1 Eiche zu einer Mühlwelle 25 Groschen, 1 Klafter »klein zu machen« 17 Pf., Tagelohn einer

Hechlerin* 8 Pf. und die Kost, Wochenlohn eines
Bäckergesellen 3 Gr. mit »freier Station«, Meilen-
gebühr einem Boten 1 Gr., 1 Paar spanische Stiefel
kosteten 21 Groschen, 1 Paar Sehmische Schuhe (aus
weichem Leder) 5 Gr., 1 Paar Frauenschuhe 3 Groschen. Von Tuch »ein ganzer Vierziger« 10 fl., 1 Futtertuch 6 fl. 5 Gr., 1 Stück weiß Glauchisch Tuch
3 Schock 9 Gr., 1 Stück hell Futtertuch 1 Schock
10 Gr., ½ Fünfziger 6 fl., 1 Elle grau Tuch 4 Gr. 4Pf.
und 1 Elle weiß Tuch 6 Gr., 1 Häuslein 6 Schock,
1 Gut in Niederlungwitz 90 Schock, davon war
4 ½ Sch. (also ¹⁄₂₀) als Lehngeld an die Herrschaft zu
zahlen.

1561
Freitags vor Ostern wurden vier Kirchenräuber
gerädert (Hans Hübler aus Hohndorf, Conrad Ebert,
ein Schlosser aus Lichtenstein, Peter Schmid aus
Mülsen, den man den Kirchenpeter genannt – er hatte
in 11 Kirchen eingebrochen – und Barthel Döhler aus
Hermsdorf). Einem namens Schönheinze, wurde der
Kopf abgeschlagen. – Zu Egidi* fing es an zu schneien
und dazwischen zu regnen – schneien, regnen, schnei-
en, regnen. Es dauerte ein Vierteljahr (bis Martini).
Das Getreide ward sehr geschädigt.

1562
Am 9. Februar erschienen nach Sonnenuntergang
schreckliche Feuerzeichen am Himmel. Um Ostern
Teuerung. Der Scheffel Weizen kostete 74 Gr., Korn
68 Gr., Gerste 60 Gr., Hafer 30 Gr. Aber es wurde ein
gutes Obstjahr. Ein Scheffel Äpfel wurde für 4 Groschen verkauft.

1563

Im Mai großes Wasser, dann Regen bis zum 11. Juni. Überschwemmungen entlang der Mulde. Es herrschte eine Hauptkrankheit mit Wahnsinn.

1565

Sonnabend vor Pfingsten kamen der Kurfürst von Sachsen, August, der Herzog von Weimar, Johann Wilhelm (Sohn Joh. Friedrichs des Großmüthigen) und die Weimar'schen Fürsten nach Glauchau zum Vogelschießen.

1566

Pestjahr. Heißer Sommer. Im Juni verfolgte der Amtsschösser Hieronymus Zorn in Zwickau eine Räuberbande; durchsuchte Mosel, das größtenteils zum Amt Zwickau gehörte, und das Rittergut Obermosel, das Schönburgisches Lehen war. Georg I. von Schönburg war über die Verletzung seiner Rechte äußerst ergrimmt und schrieb dem Schösser nachfolgenden Brief:

»Georg, Herr von Schönburg Besonderer Misgünstiger Fürderer; Wir werden glaubwürdigk bericht, daß du am eheren Dinstagk dich zu nacht unterstanden, in das Ritterguth die Mosell, so wir von der Crone Beheimb zu lehen haben, ungefährlich mit 16 Mannen hineingefragtet. Alldieweil wir denn wohl wissen, daß du deß von dem Churfürsten zu Sachsen und Burggrafen zu Magdeburg, Unserm gredigsten herrn keinen Bevehlich, und sich dein Bevehlich weiter nicht, denn was höchstgedachtem Unserm gnedigsten Herrn dem Churfürsten zu Sachsen zustendigk und in das Amt Zwickau gehörigk, erstrecken thut, und du durch diese Eingriffe, durch dein eigene muthwillige Thurst Gezanks anzurichten vermeinest, Solt du wissen, daß wir dir hierumb eine Maulschelle geben dürfen, und was du darüber gegen uns vorzunehmen dessen von dir gewertigk zu seyn, unterthenigstes Zuversicht Sr. Churf. Gnaden werden uns die Vergünstung hierüber gnedigst mittheilen. Danach du dich zu achten. Datum Glauchaw, den 26. Juni 1566. Unserm Misgünstigem Fürderer, Hieronymo Zorn, Schössern zu Zwickaw zu Antwort.«

Darauf erstattete Georg selbst Bericht an den Kurfürsten August, in dem er noch sagt, daß dieser Ausfall in Wolfs von der Mosel Rittersitz, besonders »etlicher verdechtiger Personen halbenn, welche des Orts ihren Unterschleif gehabt, unternommen worden, doch man auch Leupold von Wolfframsdorff angetroffen und in Haft gebracht«.

Der Kurfürst erklärte darauf, daß Georgen von Schönburg solcher Einfall »ahnn derselben habenden Gerechtigkeit ohne Schaden sein solle«.

1567
Andauer der Pest. Viele Feuerflammen erscheinen am Himmel (Nordlichter).– Vom 14. März bis 16. Oktober wurde Wolf II. in Dresden gefangen gehalten.
– In Mosel wurde am 8. Oktober ein Raubmörder hingerichtet.

1568
Im Januar große Wärme. Das Vieh wurde ausgetrieben. Nach einer guten Ernte fallen die Preise: Der Scheffel Korn auf 10 Gr. – Erdbeben und Stürme erschreckten das Erzgebirge. – Der Grundstein zum Schloß Augustusburg wurde gelegt.

1569

Am 2. Mai vormittags erschienen drei Sonnen mit
einem Regenbogen an den beiden äußeren. Rauhes
Frühjahr, kalter, trockener Sommer. Am 1. August
gefror das Wasser; viel Frucht verdarb. Wieder
Erdbeben im oberen Erzgebirge. – Der Wirt von
Jerisau wurde ermordet.

1570

Im Dezember fing es zu schneien an, und es schneite
40 Tage lang. Aller Verkehr stockte. In den erzgebirgischen Dörfern zerbrachen die Dächer unter der
Last des Schnees.

1571

Mißwachs und Teuerung. Kleie und gemahlene
Eicheln wurden gemengt und zu »Brod« verbacken.
Ende Juni kostete der Scheffel Korn 97 Gr., Weizen
5 fl., aber vieles und gutes Obst milderte die Not. Am
4. März stand ein schreckliches Blutzeichen am
Himmel. – Georg I. von Schönburg besuchte den
ersten Jahrmarkt in Meerane. In des Bürgermeister's
Asmus Pfeifers Haus wurde David Gebhard, ein
Schuhmacher, mit einer »Pletzen« erstochen.

1572

Im Februar starben viele Menschen am hitzigen
Fieber. Am 23. April großes Wasser. »Bergsturz« an
der Schloßmühle. – Am 9. November erschien ein
neuer glänzender Stern am Himmel.[*]

1573

Es regnete vom 13. August mittags bis zum 15. früh
ununterbrochen. Der ganze Wehrdigt war eine weite

Wasserfläche. Hoher Wasserstand Am 16. September
wieder Hochwasser. Ein Mädchen ertrank...

1576

Georgs I. Sohn, Hans Hoyer, hatte sich mit Maria
Juliane, Gräfin Solms vermählt und »führte sie
Heim«. Deshalb wurde eins der glänzendsten Feste
auf den Schlössern von Glauchau gefeiert. Die
Hauptbelustigung war ein Ringrennen auf dem Plan.
Anwesend waren »die Singer« von Hohenstein, von
denen jeder einen Taler »zur Verehrung« erhielt.
Andere Singer bekamen zusammen 20 Taler. Den
kurfürstlichen Trompetern wurden 30 Taler gegeben.
Die fremden Trompeter bekamen 10, die Stadtpfeifer
(von Altenburg) 40 Taler. 2 Taler erhielt Michael
Achtsnicht aus Zwickau, der Hans Hoyer durch einen
Gesang geehrt hatte. – Neun Köche aus Gera,
Waldenburg, Wildenfels, Wolkenburg, Greiz und aus
anderen Orten bereiteten das Mahl. Getrunken wurde:
Rheinwein und 58 Liter Wein von Kunitz bei Jena,
3 Legel* süßen Weines aus Nürnberg, 8 Viertel
Lichtensteiner Bier (à 45 Gr.) und 2 Faß Schnee-
bergisches für 4 Schock 12 Gr. – Auf Georgs Bitte
hatte der Kurfürst August Wild gesandt mit folgendem
Brief: »Wir haben Euer Schreiben, worin Ihr zu Eures
Sohnes vertrauter Heimführung mit etlichem
Wildbret zu versehen unterthänigst bittet, verlesen
und nachdem uns vor wenigen Tagen allhier ein Esel
abgegangen, haben wir denselben alsbald in frisches
Salz hauen lassen, davon können wir Euch mit gutem
Wildpret versehen.« – Zu den Gästen gehörten: Die
Verwandten, Graf Bodo von Reinstein und der
»mittlere Reuß« Herr Wolf II. von Schönburg, zwei
reußische Gesandte und Vasallen und Edelleute.

Das Gesinde war in der Stadt bei den Bürgern einquartiert. – Nach dem Fest wurden 1 Schock und 40 neue Humpengläser angeschafft. (In Waldenburg starben zu der Zeit 288 Menschen an der Pest.)

1579
Am 17. Januar Überschwemmung. – Der Richter Michael Dörr zu Schlunzig erschlug Wolfen Niezelt. Er mußte 100 fl. Strafgeld an die Herrschaft zahlen.

1580
Starker Winter. Alle Wässer froren aus. Kalter und nasser Sommer. Mißwachs, Teuerung, Hungersnot. Asmus Ziesch in Glauchau schlug seine Frau so, daß sie starb. – (In Waldenburg kam es am 8. Februar zu einer »Feuersbrunst«, als ein Mann vom Jahrmarkt betrunken nach Hause kam, mit seinem im Bette liegenden Weib Streit bekam und einen Leuchter mit brennendem Licht nach ihr warf. Es entzündeten sich die Bettvorhänge. Das Feuer »verheerte« die Kirche mit Orgel und kostbarer Bibliothek (»Leberey«); die Pfarrhäuser, das Rathaus und das Hospital und 75 andere Häuser. Auch den fremden Tuchmachern und Händlern entstand großer Schaden. – Zwei Kinder kamen um.)

1581
Am 7. Sept. starb Wolf II. von Schönburg-Penig. »Anno Christi 1581, den 7. Septbr. Abends zwischen 5 und 6 Uhr, ist der Wohlgebohrene und Edle Herr, Herr Wolf, Herr von Schönburg, Herr von Glauchau und Waldenburg, in Christo selig entschlafen. Seines Alters im 49. Jahre.« (Teil der Grabschrift in der Schloßkapelle zu Rochsburg.)

1582

Im Februar wurde hier ein Mann, namens Körner, hingerichtet. – Im Juni brach die Pest aus. (In Penig starben 300, in Zwickau 2200 Menschen.)

1583

Am 13. März wurde in der neuerbauten Gottesackerkirche die erste Leichenpredigt gehalten für Sebastian Stöcker, der 105 Jahre alt geworden war.

1584

Neben Sebastian Stöcker begrub man einen Mann, namens Blankenberg. Der war im 104. Lebensjahr gestorben.

1585

Im Juli Muldenüberschwemmung. Viel Floßholz kam von Zwickau. Die Glauchauer Einwohner zogen das Holz ans Ufer. Aber es wurde diesmal von Sachsen zurückgefordert. In diesem Jahr starben 258 Menschen, davon 182 an der Pest.

1586

Am 3. August wurde Joachim Müllers Testament publiziert, darin Acker und Wiesen den armen Schülern zu Büchern und 7 Scheffel Feld den beiden Diakonen vermacht wurden. – Im Winter erfror die Saat. Es entstand Teuerung; überhaupt war große Not unter den Leuten.

1587

Der Richter von Rothenbach, Valentin Engelmann, wurde durch Michael Claus »entleibt«. Der Mörder wurde, wahrscheinlich weil man seiner nicht habhaft

werden konnte, in die »Acht«* getan. – Am 22. Juli
erhängte sich die Magd des Pfarrers Joh. Molitor zu
Lobsdorf an einer Weide. Der Scharfrichter schnitt sie
ab und begrub sie unter dem Galgen. Der junge
Simon Funke fiel sich »beim Bierbrauen« zu Tode, als
er mit Bader Andresen zu tun hatte. In diesem Jahr
wurde in Remse eine neue Schenke gebaut.

1588

Nasser Sommer wie im Vorjahr. Das noch feuchte
Getreide vermoderte in den Scheunen. – Christoph
Frenzel aus Glauchau veruntreute 21 fl. 7 Groschen
Landsteuergelder des Dorfes Lungwitz*, die er nach
Dresden tragen sollte. Er wurde »mit dem Strange
hingerichtet« (aufgehängt).

1589

(In Waldenburg am Sonntag Cantate*, früh 2 Uhr,
Feuer. Es wurden 12 Feuerstätten verderbt, beide
Gasthöfe und die große Gasse bis an der alten
Schösserin Haus.)

1590

Von Bartholomäi* des vergangenen Jahres bis Nicolai*
dieses Jahres fiel kein durchdringender Regen. Flüsse
und Teiche trockneten aus, die Fische starben und die
Vögel nährten sich von ihnen. Waldbrände entstanden, Müller und Flößer gingen betteln. Wer mahlen
wollte, mußte die Mühle ziehen helfen. Weder Gras
noch Kraut waren vorhanden. Das Vieh mußte
geschlachtet werden; 1 Pfund Fleisch gab es für
2–3 Pfennige. Dagegen kostete 1 Schock Stroh 30 fl. –
Am 5. September Erdbeben in Glauchau. Am Ende
des Jahres herrschte ein strenger Winter.

1591

Ende der Teuerung durch Zufuhren aus der Mark und
aus Niedersachsen. In diesem Jahr war die Ernte gut,
und die Preise fielen um die Hälfte. – Am hinteren
Schloß wurde ein alter Turm abgetragen. (1596 wird
ein neuer gebaut.)

1593

Ein Jahr reich an Nässe, Gewittern und Stürmen.
Matthes Zeuner (wahrscheinlich ein Tuchmacher)
wird vorgeworfen, er sei seinem Stiefsohne, Gottfried
Büttnern, nicht »gerecht« geworden; er habe 1589 dem
Rat von Glauchau erklärt, er sei ihm keinen
Gehorsam schuldig, und als der Rat ihm wegen
vielfacher Übergriffe das Bierbrauen »gelegt«, sei er
an das Kurf. Sächs. Oberhofgericht gelaufen; er habe
am 12. November 1589 einen Tuchmacher Paul
Seyfert »hart beschädigt« und Hansen Engelmanns
schwangeres Weib zum Stadttorpförtlein hinaus-
gestoßen, sich dann bei der Arreteur gewehrt, die
Gerichtspersonen »geschimpft«, ja Zeter über sie
geschrien, worauf man ihn an eine Kette geschlossen,
weshalb er wieder an das Sächs. Oberhofgericht
gelaufen; im Jahre 1592, als sein Sohn bei Tag und
Nacht wider (gegen) ehrliche Jungfrauen etliche famos
und Schandgedichte gesungen, habe er, der Vater,
eine Inhibition von 300 fl. vom Oberhofgerichte
beigebracht; und als der Hauptmann Heinrich von
Brunner gestorben und die Herren von Schönburg in
Glauchau beisammengesessen, habe er auf diesen
und jenen öffentlich geschimpft (daß man ihm das
Seine mit Gewalt genommen), daß er »vorgefordert«,
sich auch mit »uppischen«, henischen (höhnischen)
und verdrüßlichen Worten gegen die Herren von

Schönburg erzeuget, daß sie es von keinem Fremden, viel weniger von einem Untertanen keineswegs dulden würden. – Zeuner kam ins Gefängnis; aber das Oberhofgericht nahm sich seiner abermals an.

1594

Am 17. Juni ließ der Stadtrat »Zeunern« auf kaiserlichen Befehl gefangen nehmen und nach Prag auf das königliche Schloß bringen. Am 20. Dezember ward er gegen Leistung der »Urfehde«* frei. Aber er mußte noch einen Monat Haft zu Glauchau erdulden, weil er dort »allerley Unfug« angefangen. – In diesem Jahr wurde in Glauchau der Galgen erneuert.

1595

Nach einem grimmigen Winter am 24. Februar Eisfahrt und Überschwemmung. Nasser Sommer.

1596

Pestjahr. Erdbeben am 25. Juli, am 5. August ein großes »Ungewitter«.

1597

Teuerung, weil viel Getreide nach auswärts »verführt« wurde. – Der Oberförster von Glauchau, Hans Christoph Todt, entdeckte unter einem Baum bei Graßlitz ein Kupferflöz. (Ausbeute bis 1630 87,450 Ctr. 70¾ Pfd. Garkupfer.)

1598

Zu Fastnacht wütete ein dreitägiger Sturm. Pfingsten Schloßenwetter, Seiferitz und Dennheritz verloren die ganze Kornernte, am 16. Dezember Erdbeben. Und wieder Pest.

1599

Pest und die »rote Ruhr« in Glauchau. (1598 starben
81 an der Pest, in diesem Jahr 87 Menschen. Und 39
an der Ruhr. Wegen der Ruhr wurde bald nach
Michaelis das Dreschen bis gegen den November ein-
gestellt. Als in des »Diaconus Beyers« Haus ein
Todesfall vorkam, mußten zwei Weiber hinein, um zu
räuchern. Jede bekam 2 Sipmaß* Korn. (In Annaberg
starben 2200 Menschen, darunter 308 Klöppeljung-
frauen und 860 Kinder.)

1600

Harter Winter ...

Anmerkungen:
1 Schock Zinsen:
Schock = 60 Stück oder 4 Mandeln. Bezieht sich im Text auf den
Meißner Groschen, von dem zu Beginn der Groschenprägung 60 Stück
auf die feine Mark gingen (später auch auf den meißnischen 6-Adler-
Groschen, von dem 60 Stück einem rheinischen Goldgulden
entsprachen). Die Bezeichnung ist wahrscheinlich auf andere
Münzgroschen übernommen worden.

Schinder:
Arbeiter am Schindanger, Platz zum vergraben toterTiere

Terminirhaus:
termini = Bezirke; Glauchau gehörte zu den Bereichen des Zwickauer
Klosters. Das Haus der Franziskaner soll auf dem Niclasberg
gestanden haben. (nach »Cluchowe« Beiträge zur Stadtgeschichte 1990)

Kraut und Lot:
zusammen gewöhnlich Pulver und Blei (Sp. 2110)

Klinger (und Hammerherren):
Messerschmied

fl. Florin:
Gulden (Florentiner Gulden), auch Guldengroschen genannt. Ab 1571
offizieller Reichstaler

englische Schweißsucht:
Englischer Schweiß (sudor angelicus, engl. sweating sickness) eine in
ihrem Wesen nicht aufgeklärte Krankheit, 1486, 1518 und 1551 in
England, 1529 in Hamburg (unter Verbreitung in Norddeutschland,
Dänemark, Skandinavien, Polen, Rußland, Süddeutschland,
Niederlande) und 1801 in Röttingen. Nach Schüttelfrost und
Allgemeinerscheinungen setzte ein gewaltiger übelriechender Schweiß
ein und verging nach 1–2 Tagen. Die Zahl der Todesopfer war
meistens sehr groß. (Meyers Lexikon 1925)

Schösser:
Nach dem Hauptmann und dem Hofmeister nahm der Schösser die
dritte Stelle ein. Er war Steuereintreiber, verantwortlich auch für die
Ausgaben und die Gerichtsbarkeit.

Caroli Magni:
Carolus Magnus – Kaiser Karl I. (Karl der Große); frz. Charlesmagne.
König der Franken 768–814, (Röm. Kaiser ab 800), Sohn Pippins d. J.

Spielhäuslein:
Spielhaus (allgemein ein Haus, wo gespielt wird, Haus für gymnastische
Übungen des Altertums, Haus für Ballspiel, für Theateraufführungen);
im Mittelalter hießen auch die Rats- und Gemeindehäuser der Städte,
die für die Sitzungen des Rats und die Gerichtsverhandlungen dienten,
Spielhaus.

Sipmaß:
»Obersächsisches Getreidemaß in Leipzig, Zeitz, Altenburg; den
vierten Teil eines Scheffels haltend« (Grimm Wörterb.)

Scheffel:
alte Bezeichnung eines hölzernen Gefäßes für Getreide (Hohlmaß) in
Sachsen etwa 100 Liter.

Legel:
Weinmaß – 45 Liter

Acht:
Im Mittelalter Ausstoßen aus dem Gerichtsgebiet: einfache A. aus dem
Reich; strenge A. oder Aber-Acht, der Geächtete war »vogelfrei«.

Lungwitz:
gemeint ist Oberlungwitz, denn Niederlungwitz hieß damals St Peter.

Urfehde:
Verzicht auf weitere Auseinandersetzungen

Namen von Tagen aus dem römisch-julianischen Kalender:

Peter Paul	1523	– 29. Juni
Miseric. Dom.	1525	– 30. April
Exaudi	1526	– 6. Mai
Judica	1530	– 3. April
Quasimodogeniti	1530	– 24. April
Mauritii	1532	– 22. September
Michaelis	1532	– 29. September
Andreastag	1536	– 30. November
Martini	1550	– 11. November
Mitfasten (Lätare)	1551	– 8. März
Johannistag	1554	– 24. Juni
Lätare (Letare)	1556	– 15. März
Egidi	1561	– 1. September
Cantate	1589	– 27. April
Bartholomäi	1590	– 24. August
Nicolai	1590	– 6. Dezember

Quelle:
Grotefend »Taschenbuch der Zeitrechnung«

Beratung:
Stadtarchiv Chemnitz

THÜRMER UND PFEIFER

Der Thürmer war ursprünglich der Hausmann der Kirche und zugleich Wächter für Stadt und Schloß, dazu »Stadtpfeifer«. Die Stadtpfeifer waren die ersten Berufsmusiker einer Stadt. In Glauchau sind von ihnen nur die Vornamen aufgeschrieben worden: Valten pfiff und blies 1551, Michael 1552, Kaspar 1566. 1571 wird Kaspar Baumhacker genannt. (Chronik von E. Eckardt)

PREDIGER

Im 16. Jahrhundert war ein Pfarrer nicht einfach ein
Pfarrer; es gab »Stadtpfarrher« und »Hofpfarrher«.
Und ein Prediger war auch nicht nur Prediger. Nicol
Seydel aus Annaberg war in Glauchau »Hofpredicant«
und Thomas Günther 1558 »Hofprediger«. Der
Hofprediger Günther erhielt jährlich 100 Taler und
eine Sommerkleidung und eine für den Winter. 1562
schrieb Günther ein Büchlein von der christlichen
und brüderlichen Versöhnung. (Seine Witwe erhielt
1568 »aufs halbe Jahr« noch 20 fl. und Georg I.
schenkte dem Sohn Heinrich Günther 1574 vier
Schock Groschen. Heinrich »studirte«.)

Die Schloßgeistlichen wohnten zuerst im Schloß-
priesterhaus. 1544 wohnten dort auch zwei Kloster-
jungfrauen, die 42 Groschen jährlichen »Zins« gaben
(Miete zahlten). Als Günther amtierte war das Haus
für 1 Schock 24 Groschen jährlichen Zins vermietet.

Im 16. Jahrhundert gab es auch noch den Kaplan.
Nach der Kirchenordnung stand der Prediger dem
Kaplan vor. 1560 werden genannt: Herr Andreas und
Herr Balthasar. 1569 kommt des Herrn Prädicantus
Erhards Witwe vor. 1574 erhalten Herr Otto und Herr
Jacob von Georg I. je 1 Scheffel Korn geschenkt. Sie
waren beide Prediger; 1580 werden ihnen 2 Scheffel
»zugewiesen«. 1584 und 1586 ist Herr Michael Kayn
»Capellani«.
    1532 ist Wolfgang Schleiffer aus Zwickau in
Glauchau Kaplan. (Dann wird er der erste evange-
lische Prediger in Penig.) Urban Langhanß aus
Schneeberg ist erst Cantor in Glauchau, dann Kaplan.

Er war ein guter »Choralsetzer«, aber auch ein Dichter. Von ihm ist das Lied: »Nun hört ihr Christenleut« und das Neujahrslied »Laßt uns alle fröhlich sein«. 1554 ging er nach Schneeberg. Caspar Fischer, geb. 1524 in Werdau, kam 1554 hier her und geht 1557 als Pfarrer nach Meerane.

Wolfgang Silber (»Herr Wolf«) aus Ronneburg kam 1564 und ging 1570. 1568 wird M. Sperber in Glauchau Kaplan, 1580 Peter Schiller (auch Schüller). Er geht im Jahre 1600 als Pfarrer nach Lobsdorf. 14 seiner Predigten wurden gedruckt.

1585 kam M. Valentin Beyer als Kaplan hier her. Er stammte aus Waldenburg. V. Beyer verfaßte ein Calendarium graecum, ein diarium historicum oder historisches Hausbuch.

Daniel Fugmann (Fügmann) geb. in Markneukirchen wird 1598 neben Beyer hier Kaplan. Er schrieb auf des Superintendenten Seidemann's Tod »exequiae Seidemanniae«. (E. Eckardt spricht von Diaconen; aber die Kaplane wurden erst ab 1612 Diacone genannt.)

DER MOND HAT EIN GESICHT

Der Mond hat ein Gesicht, und die Sonne hat ein Gesicht, wenn Kinder malen. Sie malen sich selbst hinein in ihr Bild. Das Gesicht von Sonne und Mond ist Ausdruck unbewußter uralter Mythologie. Kunst zeigt das Verborgene und unser ungebrochenes Verhältnis zur natürlichen Umwelt. Kunst begreifen bedeutet unmittelbare Nähe zum Schöpfer; alte Zeiten werden lebendig in unserem Gefühl.

»das natürliche liecht leuchte im Menschen
wie der mohn
nehme ab und zu«

Zinkgref [1]

Im Wappen von Glauchau hat der Mond ein Gesicht. Es ist kein einmaliges Gesicht mehr, es erscheint wie eine Marke, vielfach kopiert. Wieder ein Rätsel, das die Alten uns aufgeben. Ist der Mond vielleicht ein Zeichen der Handwerker von Glauchau? Tatsächlich entstanden die Marken nach der Arbeitsteilung, als der Handel begann. Schon der keltische Schmied warb um Kunden durch Marken, einem eingehauenen Zeichen seiner Werkstatt. Er zeichnete mit seiner Marke besonders kunstvolle Gebrauchsgegenstände. (Bekannt sind Marken auf keltischen Schwertern.) Kreis- und halbmondförmige Zeichen mit Gesicht verhießen dem Besitzer Glück.[2] Durch Linien und weitgezogene Spitzen des Halbmondes deutete der Gestalter des Glauchauer Wappens den Kreis an, den ganzen Mond. Blau und Weiß sind die Farben der Stadt Glauchau. Nach heraldischem Gesetz steht Weiß für Silber – silbern steht der Mond im Blauen über der Stadt, die verborgen hinter den Mauern liegt. Der Turm, mitten im Bild, hat oben ein Fenster. Es ist offen. Zinnen säumen das breite rote Dach. Am First die Fähnchen, rot und weiß, zeigen nach Osten und Westen. Der Turm stellt das obere Stadttor dar. Er war Teil der Stadtmauer, er stand in der Mitte der Schloßstraße, zwischen Zwinger und der Kirchgasse. An der Mündung des Zwingers in Schulgartenstraße und Hoffnung finden wir noch heute Reste der Stadtmauer und eines Pförtleins. Das Wappen von Glauchau zeigt Symbole einer alten Stadt, unverwechselbar zusammengefügt.

»dem mond wird die herrschaft über das gedeihen der thiere, und fruchtbarkeit der gewächse zugeeignet, und dahero so wohl bei der viehzucht, als feld- und gartenbau der wechsel des mondes fleißig beobachtet.« (oec. lexicon 1640)[3]
Vielleicht ist darum der Mond auch ein Zeichen der Gartenstadt Glauchau?
Im Schild der Schönburger, rechts neben dem Turm (vom Bild her gesehen!), wechseln Rot und Weiß in diagonalen Streifen (rote, rechtsschräge Balken auf weißem Grund).»Die alten Herolde benannten die Farben auch nach Planeten und Edelsteinen«[*]; zum silbernen Grund des Schönburgischen Schildes gehören der silberne Mond und Perlen, die Zeichen von Reinheit, Unschuld, Keuschheit, Weisheit und

Freude. Rot, eigentlich Farbe des Lebens, läßt auch an Rubine denken und an den Mars, an »Begierde, sich um das Vaterland verdient zu machen«.[4] Das älteste bekannte Siegel der Stadt mit diesem Inhalt trägt die Jahreszahl 1576.[5]

Vielleicht ist der Mond bloß das Siegel des Herolds, der das Bild gestaltete. Eines aber weiß ich genau: Glauchau ist ein Ort für Verliebte. Und der Mond im Wappen war der Wunsch einer Frau.

Anmerkungen:
Die heutige Wappenform genehmigte die Kreishauptmannschaft Zwickau 1897.[5]

Ein Herold, Schöpfer der Schilde, war in den Kämpfen des Mittelalters stets unbewaffnet; er wurde darum auch nicht gefangen genommen. Der Herold beobachtete den Kampf. Ein Herold, der zuerst die glückliche Nachricht des Sieges überbrachte, wurde reich belohnt. Zum Beispiel mit der Kleidung des Herrschers. (Für so gute Nachrichten wurde manch einer zum Herold ernannt.) Nach dem Gefechten mußten die Herolde die Gefallenen identifizieren und einem Schreiber benennen. Der Herold hatte auch Zugang zu den Gefangenen, war für Lösegelder zuständig und für Bestattungen.

»Die Wirkung eines Zeichens beruht auf Gedankenassoziationen....« Die »redenden« Wappen stehen am Anfang der Entwicklung. Wappen sind Zeichen wie Buchstaben, Wasserzeichen im Papier und andere Bilder.[4]

Quellen:
[1] Wörterbuch der Brüder Grimm
[2] Friedrich Schlette: Kelten zwischen Alesia und Pergamon
[3] Wörterbuch der Brüder Grimm
[4] Ottfried Neubecker: Heraldik, Battenberg Verl. Luzern 1990
[5] Lexikon Städte und Wappen der DDR; VEB Bibliographisches Institut Leipzig 1984

BLÜTHENLESE
AUS SCHÖNBURGISCHE
GESCHICHTSBLÄTTER
VON 1898/99

»von Glauchau« (über eine böhmische Adelsfamilie): Im 16. Jahrhundert wurde aus Böhmen bekannt, daß mancher vornehme Bürger von den herrschenden Habsburgern geadelt wurde...

»Dabei erinnert eine Anzahl dieser Adelsprädicate merkwürdigerweise auch an sächsische Ortschaften, die einstmals in Lehnspflicht zur Krone in Böhmen gestanden haben.« Der Name Netter von Glauchau ist ein Beispiel unter anderen. Noch 1459 verzichtete nach einer Prager Urkunde der Kurfürst Friedrich und der Herzog Wilhelm zu Sachsen u. a. auch auf die Lehensfolge »derer von Schonburg mit Glochow zu Gunsten des Königs Georg von Böhmen, so daß damals also die Stadt Glauchau als zu Böhmen gehörig betrachtet wurde.«

In den Prager Rathsbüchern aus den »siebziger Jahren des 16. Jahrhunderts« findet sich der Name eines reichen Kaufherren, Johann Netter von Glauchau. »Er besaß ein großes Handelshaus, 'Zum deutschen Hause' genannt, und war mit der Prager Patrizierin Anna von Riesenthal vermählt. Aus dieser Ehe stammt eine Tochter, Anna von Glauchau. – Eine adelige Dame gleichen Namens war mit dem reichen Prager Handelsmann Johann de Witte von Lilienthal verheiratet. ..

In »Sibmachers Wappenbuch (IV, 9, 225)« finden sich noch die Namen:

Eva von Glauchau (1660), Witwe des Edlen Herrn
Heinrich von Kusto, und Eva Ludmilla von
Glauchau, Gattin des Grafen Johann Viktorin von
Waldstein auf Kammerburg ob der Sazawa. Aber der
Familienname »von Glauchau« vererbte sich in
Böhmen durch Johann Mathias von Glauchau. Der
kaufte Weinberge bei Prag für 2000 Schock
»Meißnisch«.

»Nach Sibmachers Angabe blühte noch im vorigen
Jahrhundert diese Familie in Böhmen unter dem
Namen ›von Glouchova‹. Das Wappen derselben zeigt
keine nennenswerthe Ähnlichkeit mit dem der Stadt
Glauchau; nur das eine ist auffällig, daß in beiden
Wappen eine Mondsichel enthalten ist«.

WASSER UND WEIN

Glauchau liegt 260 m über dem Meeresspiegel. Die
Flußaue ist breit, mild das Klima. In den
Nebentälern gedeihen Hopfen, Birnen, Walnußbaum
und Wein, auch wenn die Trauben nicht in jedem
Jahr reifen. In Schönbörnchen fanden wir auf der
Suche nach dem Born gute Trauben an einem alten
Weinstock. Er verschönt den Giebel eines
Fachwerkhauses am Teichweg. Dort schmiegen sich
unter riesigen Bäumen alte Bauernhöfe an den Hang.
Pfuhl und Ententeich schimmern von Weidenzweigen
verdeckt. Aus geheimnisvollen Kuhlen und Buckeln
wächst der Wald. Einer der Teiche ist ausgetrocknet.
Vor dem letzten Hof steht ein Ganter mitten auf dem
Weg, reckt seinen langen weißen Hals nach mir, daß
ich einen Bogen gehe, nicht ohne begütigend auf ihn
einzureden. Der Bauer führte fünf Schafe den
Wiesenhang hinauf. »Seit dem vergangenen Jahr rinnt
das Wasser nicht mehr«, sagt er, als er vom Waldrand
zurück kommt. Seine Felder liegen oben auf dem
Hügel.

Wir finden den Born im Unterholz; dunkelgrauer
Stein verbirgt ihn. Drinnen dämmern Blätter verirrt
auf des Wassers dunkler Haut. Kinder hatten einen
Birkenzweig ins Loch geschoben; das Holztürchen ist
aus den Angeln, die steinerne Schwelle zerbrochen.
Ach, wenn die Wasser nur flössen! Aber der Born
verfällt – niemand erkennt mehr seinen Wert. Einst
hatten Menschen sorgsam Steine geschichtet, den
Born zu schützen, ihn zu bewahren. Ich verschließe
notdürftig das Pförtlein. Wir wollen weiter bergan.
Noch einmal blicken wir zurück: Wasserrinnen, aus

Steinen gefügt, führen schräg über den Weg. Mächtige Birken stehen am Rand der Weide. Ein fingerdicker schwarzer Eisenstrang hängt krumm zwischen den Stämmen, geht mitten durch, als hätte er die weiße Rinde nicht verletzt, als wäre er nie außerhalb gewesen.

In diesem Jahr kam der Herbst wie ein eiliger Wind. Eines Morgens war die junge Eberesche vor meinem Haus buttergelb. Zwei Wochen später leuchteten die Ahornbäume wie Kupfer und Gold. Und neulich kam ein heftiger Wind die Johannisstraße herab, tanzte ein Tänzchen auf unserem Hof und fegte weiter. Da lag am anderen Tag aller Reichtum der Kronen zu unseren Füßen. Wo ich auch ging, raschelte Laub, knisterte leise, wenn es zerbrach.

Im Albertsthal, am Rothenbach, wo das Gasthaus Grüner Baum steht, fand ich ein Stück vom Sommer. Jenseits der Straße wölbte sich die Erde grün bis zum Horizont. Wo der Bach mündet, weitet sich das Tal. Ich stand unten, suchte mit meinen Augen auf dem steilen Südhang nach Spuren des Weinbaus. Zwischen den Häusern und hohen Bäumen entdeckte ich hier und da schmale Terrassen. Die Wiesen vom Albertsthal haben eine eigene Geschichte: Erst waren sie Wiesen von Gott weiß wem, dann von den Naundorfern, dann, zur Pestzeit, wurden sie die Weinwiesen der Grafen von Schönburg, und hießen lange so, obwohl der Wein am Hang wuchs. Die Straße zwischen Wiese und Bach war noch ein Weg gewesen, und von Häusern und einem Brunnen aus dieser Zeit wissen wir nichts. Aber das Wasser der Teiche war rein, damals, denn es steht geschrieben:

»Dem Schlosse wurde früher das Wasser vermittels Röhren aus einem der Rothenbacher Teiche zugeführt.« (E. Eckardt S. 195)

An die ältere Wasserversorgung der Stadt Glauchau erinnert der noch gebräuchliche Name »Röhrensteig« für einen Pfad am Fuße der Terrassen. Er reicht vom Mühlberg, unterhalb des Schlosses, bis zur Schulstraße und den »Nickelstufen«.[1] Ein anderer »Röhren Weg« versorgte die ersten Brunnen von Glauchau. Das Wasser floß aus Quellen im Reinholdshainer Forst durch eine »doppelte Röhrenleitung« nach der Stadt. (E. Eckardt S. 195!) Der Weg verband auch die Städtische Bleiche mit dem großen Lehngrund (Karte T: No: LXXXIV.S).[2] Der Reinholdshainer Forst liegt 270 bis 340 m über dem Meeresspiegel. Über die Wasserversorgung in der Unterstadt schrieb E. Eckardt u. a.: »Der Wehrdigt wurde durch Brunnenwasser versorgt, welches man in einer Tiefe von 6–30 Ellen fand. Von Zeit zu Zeit wurden die Brunnen durch Salz gereinigt, das vom Nachtwächter in den Haushaltungen eingesammelt wurde.«

Der Hauptbrunnen der Stadt stand auf dem Marktplatz, oben vor dem »Deutschen Haus«.[3] (Die Brunnenfigur, ›Neptun mit dem Dreizack‹, verschönt heute den Gründelteich.) Der »kleine Born« auf dem Schloßplatz soll besonders wichtig gewesen sein.[4] Er stand vor dem »Raum'schen Hause« (jetzt Kaffee Günther). Eckardt nennt noch weitere Brunnen der Stadt: in der Kupfergasse, Chemnitzer Straße, Schloßstraße, Hoffnung und in der Brüdergasse. Einer davon war auf dem Hof der alten Post, in der Hoffnung 86. Dort war ein Gasthof gewesen, mit einer

»Umspanne«, einer Möglichkeit, die Pferde zu wechseln oder über Nacht zu bleiben. Sicherlich standen die anderen Brunnen an ähnlichen Plätzen.

Wasserstellen haben für die Wahl von Siedlungsplätzen immer eine Hauptrolle gespielt. In diesen Tagen stießen die Tiefbauer auf dem Fußweg vor der Volksbank (gegenüber der Post) auf eine Quelle. Früher muß es hier überall gesprudelt haben, in der Stadt und vor der Stadt. Georgius Agricola erwähnte zwei Quellen in seinem Buch »de natura eorum quae effluunt ex terra; libri IV 1545« (Die Natur der aus dem Erdinnern hervorquellenden Dinge; Buch I S. 96[*]).

Er schrieb unter anderem: »... Da die Brunnenwässer auch selbst Quellwässer sind, sie fließen nur nicht mittels eigener Kraft heraus, und aus den Quellen Bäche, Flüsse, Seen und Sümpfe entstehen, will ich jetzt ohne Unterschied gemeinsam von allen sprechen. Wenn auch diese Wasseransammlungen die Regenwässer aufnehmen, so haben sie doch ihre Eigenart vor allem von den Quellen. Und um damit zu beginnen: die Wässer haben ... eine gewisse eigene Färbung, die in der Mitte von schwarz und weiß liegt. Die Stoffe, mit denen sie sich mischen, machen sie farbig; das zeigen die Wildwässer, die Bäche, die Flüsse, wenn sie übermäßig anschwellen und von den Ufern viel abnagen oder aus den Ufern treten und die Felder auswaschen. Und so sind andere milchfarben (die Römer nennen sie »weiß«). Diese sind aber wohl mit Kreide oder einer anderen schneeweißen Farbe gemischt. Eine solche Quelle, die davon Milchquelle hieß, habe ich als junger Mensch am zweiten Meilenstein (3 km) von der meißnischen Stadt Glauchau gefunden;«[*]

»... Was aber den Geschmack betrifft, so sind gemischte Wässer entweder süß oder fettig, oder salzig, oder bitter, oder scharf, oder schließlich haben sie, je nach den vielen Stoffen, die sie bespülen, einen besonderen Geschmack, z. B. von Schwefel, Kupfer oder Eisen. Als süße Wässer ... bezeichnen auch die Schriftsteller die, die keinen fremden – meist salzigen – Geschmack an sich haben, sondern nur den dem Wasser eigentümlichen, der lieblich und angenehm für den Trinkenden ist. So war er bei dem Flusse Smenus in Lakonien, der aus Quellen im Taygetos stammt, nicht weiter als fünf Stadien (900 m) von der Stadt entfernt vorbeifließt und sich links vom Vorgebirge, auf dem der Tempel der Artemis Diktynna stand, ins Meer ergießt, so bei den Flüssen Eulaios und Choaspes, aus denen nach der Überlieferung die Perserkönige tranken, und sie ließen es, als sie infolge ihres Reichtums in Luxus aufgingen, sogar in entfernte Gegenden hinbringen. Doch von derartigen süßen Wässern spreche ich jetzt nicht, sondern von denen, die durch besondere Süße, die jedoch unangenehm ist, auf den Geschmack wirken. Solche fanden sich in Glauchau nicht nur in dem Walde nach Osten zu, wie gesagt, beim zweiten Meilenstein (3 km) von der Stadt, sondern auch im äußeren Mauergraben zur Rechten der Holzbrücke, dort wo es nach Waldenburg geht.«[6]

Agricola nennt zwei Mineralquellen. Albert Schiffner
berichtet von Mineralquellen »im Hammerteich«.
(E. Eckardt, S. 195) In Glauchau ist aber das
reichliche Grundwasser von Bedeutung. Ich erinnere
mich: Im Keller unseres Hauses (Nr. 46) befindet sich
ein Sickerloch. Als ich noch ein Kind war, sammelte
sich Grundwasser in dem Loch. Im Frühjahr standen
bei uns die Kartoffelkisten unter Wasser. Meine
Mutter holte es eimerweise heraus; manches Jahr
schleppte sie den vollen Eimer hundert Mal hinaus
auf die Straße und schüttete dort das Wasser in eine
Gosse. Sicherlich war es gutes Wasser, solange es die
Oberstadt noch nicht gab ...

Übrigens: Die Worte Brunnen, Bronnen oder Born
sind nahe der keltischen Wurzel »bren« – sieden oder
wallen –.[7]

[1] Volksmund für Treppe am Nicolaiberg

[2] »Der Röhren Weg«, am Fuß des Elzenberges (281 m) und nördlich davon, endete vermutlich nicht im großen Lehngrund, wie es meine Karte zeigt (T:No:LXXXIV. S), sondern ging weiter stadtwärts bis zum »Kupfer Garten«, am Kupferberg, zwischen dem kleinen Lehngrund, der Hoffnung und der Kupfergasse. Die Gartenstraße erinnert an den Kupfergarten. Zwischen den drei Elzenbergen und dem Lungwitzbach fließt ein Mühlgraben, an dessen Ufern lagen damals drei größere Bleichplätze. (Drei »Rundhöcker« im Südosten von Glauchau bilden den Elzenberg.)

[3] Das Deutsche Haus war ein Hotel.

[4] Das Raum'sche Haus ist das Haus Nr. 9 auf dem Schloßplatz. Ein Born ist eine eingefriedete, eine geschützte Quelle. Wasser, das zu jeder Jahreszeit aus der Erde quillt, ist eine sichere Quelle, sicherer als ein Brunnen oder eine Leitung.
»1763 errichtete man ein Spritzenhaus bei dem ›kleinen Born‹ auf dem Schloßplatz.« (A. Nürnberger: Untersuchung zur Geschichte der Brandbekämpfung) – Vermutlich bezieht sich E. Eckardts Bemerkung über die besondere Bedeutung des »kleinen Borns« darauf.

[5] Quelle: Georgius Agricola, Schriften zur Geologie und Mineralogie I, übersetzt und bearbeitet von Georg Fraustadt in Verbindung mit Dr. rer. nat. Hans Prescher 1956 VEB Deutscher Verlag der Wissenschaften Berlin.

[6] Agr. S. 94–95; Prescher Band III, S. 228 und Agr. S. 97–98; Prescher Band III, S. 232

[7] »Brunnen« aus der Reihe Unsere schöne Heimat Sachsenverlag Dresden 1958; Vorwort Götz Gode

Besinnung ist nötig, Hoffnung ist nötig.

KLEINES ERBGUT
ODER
WAS MAN ERHOFFT

In meiner Stadt gibt es eine kleine Straße, die
»Hoffnung«. Das Wort kommt von hof, heißt im
Keltischen aoibhen[1] und bedeutet kleines Erbgut.
Ein kleines Erbgut erträumst du; aber mein Traum
hat Augen, fliegt mit den Vögeln und fällt vom Baum
– ein Herzblatt.

In der kleinen Straße verfallen Mauern, Lehm
bröckelt. Strohschnitzel im Lehm sind grau geworden,
der Lehm zwischen den Balken wird Staub. Als er
noch frisch war, war er wie Stein.
Die kleinen Häuser der Hoffnung sehen aus wie
Vergessene, Übriggebliebene einer vergangenen Zeit;
manche verkommen, weil sie verlassen wurden. Ein
Haus scheint ohne das andere nicht stehen zu
können. Wenn das Nachbarhaus fehlt, wird die Seiten-
ansicht frei, und wir erkennen des Hauses alte
Gestalt: Fachwerk, schamhaft unterm Putz versteckt,
als ob die Erbauer nicht gegen die herrschende Mode
verstoßen wollten. Das Häuslein der Heimer Lies
(Nr. 55) hatte sogar einen Laubengang zum
Hofgebäude. Diese Hochlaube ist eine offene Galerie
gewesen, ein Verbindungsgang zwischen dem
Vorderhaus (Haupthaus) und dem Hinterhaus. Tee,
Mais und Küchenkräuter, Flachs und Tabak hingen in
Bündeln im Wind. Im Laubengang trocknete auch die
Wäsche.[2] Die unteren Gefache sind später durch
Ziegelmauerwerk ausgefüllt worden, aber im

Giebeldreieck, neben einer Holzklappe, ist das Lehm-Strohgemisch erhalten. Die Holzklappe verschließt eine Luke und ermöglicht, den Dachraum als Speicher zu nutzen, von außen her zu bergen, was unter Dach und Fach muß.

Laubengang und Giebelseiten von Vorder- und Hinterhaus hatten Mittagsonne, solange das Nachbarhaus (Nummer 54) nicht gebaut war. Fachwerk kann 200 bis 300 Jahre alt werden, ohne ernsthaft Schaden zu nehmen.

Im Hof hinter dem Haus Nummer 86[3] findet man am Seitengebäude eine gut erhaltene, aber nachträglich verschalte Hochlaube. Überall in der Umgebung von Glauchau gibt es an Bauernhäusern noch heute die Hochlauben, Reste einer ehemals verbreiteten Bauweise.[4]

Die ältesten Häuslein der Hoffnung ähneln einander: Sie haben ein Obergeschoß, ganz gleich, ob man über ein paar Stufen oder über eine Schwelle ins Haus gelangt. Die Wohnhäuser stehen mit dem Gesicht zur Straße. Im Erdgeschoß gibt es außer einem Hausflur und einer Treppe zum Obergeschoß einen Wohnraum und einen kleineren Raum. Durch den Flur gelangt man geradewegs ins Seitengebäude; früher war dort der Stall. Im Haus 46 soll es ein Pferdestall gewesen sein. Über dem Stall war eine zweite Wohnung.

Im Hinterhaus, einem kleineren Gebäude, war früher das Waschhaus mit einem eingemauerten Kessel und dem Feuerloch darunter. Vor 50 Jahren haben wir im Waschhaus auch gebadet.

Im Flur des Hauptgebäudes gibt es eine Falltür über dem Kellerloch. Das Ehepaar Weyer vom Haus Nummer 4 erinnert sich an eine Falltür in der

Wohnstube; über einige Stufen gelangte man in den Keller. Die Falltüren haben meistens einen ins Holz eingelassenen eisernen Ring. Im Haus Nummer 79 sind Kellertreppen und Falltür »draußen im Haus«: der Hausflur heißt in unserer Gegend »Haus«. Die Falltür im Haus Nr. 79 hat Grifflöcher.

Die Grundstücke Nr. 28 bis 69 haben fast alle einen Hinterausgang zur Gartenstraße. Hof und Gärten sind lang und schmal, so schmal wie die Häuschen vorn an der Straße. –
Wo der Putz am Vorderhaus fehlt, werden Holzständer und Balken, Lehm- und Ziegelgefache sichtbar. Obwohl diese Häuslein manche Ähnlichkeit mit einem ländlichen Fachwerkhaus[5] haben, wurden sie meistens von Fuhrleuten, Handwerkern und Kaufleuten genutzt. Unter manchem Dach findet man einen alten Taubenschlag.

Der kleine Platz auf der Hoffnung hat die Form eines Dreiecks. Viele Plätze in alten Städten haben dieses Dreieck. Es entstand, weil früher die Häuser in die Natur hineingebaut, ihr angepaßt wurden. Wenn wir davon ausgehen, daß die Hoffnung ursprünglich Waldrandzone und Flußterrasse war, so verstehen wir leicht ihre Entstehungsgeschichte: Die Häuser 1–27 stehen oberhalb der Schulstraße, des inneren

Stadtgrabens. Die Gartenstraße umfaßt die Hoffnung auf der anderen Seite; sie ist Teil des äußeren Stadtgrabens. Die Hoffnung hat 100 Häuser; das Haus Nummer 1 liegt der 100 gegenüber, nahe der Leipziger Straße. Vor den Häusern gibt es teilweise einen erhöhten Fußweg aus Granitplatten. Die Fahrbahn und der Platz sind mit großen Steinen gepflastert. Lebensbaum und Brunnen, die zu einem Dorfplatz gehören, fehlen längst. Die Hoffnung lag lange wie eine Insel vor der Stadt, mit einer Brücke hinaus auf Wiesen und Felder.[6]

Ein kleines Erbgut ist das, was man erhofft, erträumt, sich wünscht: eine warme Stube, einen Schrank voller Kleider, Silber und Gold; Reichtum aus der Tiefe, einen Schatz, wenn man gräbt. Aber wer hinaus muß, erhofft mehr ...

[1] Chronik von Ernst Eckardt von 1881; Seite 31

[2] E. Camesasca: Die Geschichte des Hauses

[3] R. Meringer: Das deutsche Haus und sein Hausrat

[4] A. Fiedler/J. Helbig: Das Bauernhaus in Sachsen

[5] Vom 15. bis zum 19. Jahrhundert konnten »Ackerbürgerhäuser« beim Zimmermann bestellt werden.

[6] Die Lehngrundschule und das Haus Nr. 70 gab es damals noch nicht. Nur eine Scheune soll auf der anderen Seite gestanden haben.

MISNIA

Karte von Hiob Magdeburg
Höhe 106 mm (mit Rand 138), Breite 132 mm,
Norden oben

Der Zeichner dieser Holzschnittkarte (am Buchende)
ist, wie das aus den Buchstaben H, M und A zusam-
mengesetzte Monogramm auf dem Schild in der
rechten oberen Ecke andeutet, der Philolog und
lutherische Theolog Hiob Magdeburg aus Annaberg;
geboren 1518, gestorben 1595 in Freiberg. Vermutlich
hat er das Blatt selbst in Holz geschnitten, da er als
Sohn eines kurfürstlichen Münzmeisters und Stempel-
schneiders in technischen Künsten geübt war. Verleger
und Druckort sind unbekannt. Als Entstehungjahr
wird zu beiden Seiten der Namensbuchstaben 1562
angegeben. Magdeburg war damals als Lehrer an der
Fürstenschule zu Meißen tätig.

Die Karte zeichnet sich, abgesehen von den Gradangaben, durch eine für jene Zeit bemerkenswerte
Genauigkeit aus. Die Breitenangaben weichen im
Süden um 20 bis 30, im Norden dagegen nur um 2 bis
5 Minuten von der Wirklichkeit ab. Gleich den
Längenangaben zeigen sie keinerlei Abhängigkeit von
den damals für maßgebend angesehenen astronomi-
schen Ortsbestimmungen, die Peter Apian in seiner
berühmten Kosmographie gegeben hatte, ebensowe-
nig aber auch von denen des Regiomontan, Stöffler,
Schöner und der älteren italienischen und deutschen
Ptolemäusausgaben. Gedruckte Quellen für die Karte
sind nicht nachweisbar, vielmehr scheint es, daß der
Verfasser hauptsächlich eigene Beobachtungen ver-
wendet hat. Eine Abhängigkeit von der Germania des

Kardinals Nicolaus von Cusa ist nicht zu erkennen, obwohl Magdeburg ein Exemplar dieser überaus seltenen Karte besaß. (Siehe Brief an Ortelius!) Merkwürdigerweise fand das kleine Blatt, wohl infolge seiner sehr geringen Auflage, wenig Beachtung und wurde weder nachgestochen, noch von anderen Kartenzeichnern benutzt. Selbst dem umsichtigen Ortelius, der sich alle neuen Karten zu verschaffen suchte, blieb es unbekannt. Das einzige bisher ermittelte Exemplar befindet sich in der Kgl. öff. Bibliothek zu Dresden. Dieselbe besitzt von Magdeburgs Hand auch noch zwei wesentlich größere gezeichnete und kolorierte Karten.

Anmerkung:
Hiob Magdeburg, Sohn des Hieronymus M., Schüler des Rivius 1527-1533. 1537 in Freiberg, 1540 Studium in Wittenberg. 1543 Subrektor bei der Gründung der Fürstenschule. 1569 abgesetzt. 1570 Rektor am Ratsgymnasium in Lübeck auf Empfehlung von Fabricius. 1574 fünf Jahre lang Erzieher der Prinzen von Mecklenburg. 1580 Rückkehr nach Annaberg. 1595 in Freiberg gestorben. (Siehe Agricola Band II)

Hiob Magdeburg war sicherlich über Fabricius auch mit Agricola befreundet.